2014
评价浙江发展
THE APPRAISAL OF ZHEJIANG DEVELOPMENT

李学忠 主编

浙江工商大學出版社
ZHEJIANG GONGSHANG UNIVERSITY PRESS

图书在版编目(CIP)数据

2014 评价浙江发展 / 李学忠主编. —杭州：浙江工商大学出版社，2014.7

ISBN 978-7-5178-0576-2

Ⅰ．①2… Ⅱ．①李… Ⅲ．①区域经济发展－研究－浙江省②社会发展－研究－浙江省 Ⅳ．①F127.55

中国版本图书馆 CIP 数据核字(2014)第 156172 号

2014 评价浙江发展

李学忠 主编

责任编辑	刘 韵	
封面设计	流 云	
责任校对	凌吉卫	
责任印制	包建辉	
出版发行	浙江工商大学出版社	
	（杭州市教工路 198 号 邮政编码 310012）	
	（E-mail：zjgsupress@163.com）	
	（网址：http://www.zjgsupress.com）	
	电话：0571-88904980，88831806（传真）	
排 版	杭州朝曦图文设计有限公司	
印 刷	浙江新华数码印务有限公司	
开 本	880mm×1230mm 1/32	
印 张	5.5	
字 数	148 千	
版 印 次	2014 年 7 月第 1 版 2014 年 7 月第 1 次印刷	
书 号	ISBN 978-7-5178-0576-2	
定 价	22.00 元	

编辑委员会

目　录

第一章　浙江省实现"四翻番"目标的 进程监测及研究

　　对省委十三届二次全会"四翻番"目标、"十二五"规划目标、省第十三次党代会目标中的 GDP、人均 GDP、城镇居民人均可支配收入、农村居民人均纯收入等四个主要指标进行实时监测结果表明:"四翻番"目标的实现程度基本符合时间进度要求,但人均 GDP 增长目标的实现难度相对较大;"十二五"规划中的居民人均收入前三年阶段性目标有所欠账,如期实现难度加大;省第十三次党代会目标实现程度均未达到进度要求。根据分析测算,未来 5 年左右,我省 GDP 年度增长的底线基本在 7.5%,但完成"四翻番"十年规划中的人均 GDP 增长目标,GDP 年均增速必须达到 7.94%。五年规划中的城乡居民人均收入的实际增速也必须达到 8%以上甚至 9%以上。要提前或如期完成各项中长期规划目标,压力不小。要以改革为统领,以求真务实的作风,开拓创新,稳中求进,提质增效,推动浙江经济持续健康发展、社会和谐稳定、民生不断改善。

　　本课题的研究目的在于为省委、省政府提出的干好"一三五"、实现"四翻番"等中长期目标提供统计监测预警服务。通过建立监测模型,对"十二五"规划目标、省第十三次党代会目标和省委十三届二次全会"四翻番"目标中的 GDP、人均 GDP、城镇居民人均可支配收入、农村居民人均纯收入等四个主要指标进行实时监测,及时分析研判我省经济发展的变化趋势和中长期目标的实现进程,提出预警,为省委、省政府对以后各年度经济工作的部署和年度预期目标的制定等重大决策提供参考建议。

一、目标的提出

党的十八大提出了确保到 2020 年实现全面建成小康社会的宏伟目标和实现国内生产总值、城乡居民人均收入比 2010 年翻一番的具体目标，提出了全面深化改革开放的新要求，强调要积极支持东部地区率先发展，鼓励有条件的地方在现代化建设中继续走在前列，为全国改革发展做出更大贡献。省委十三届二次全会议通过的《中共浙江省委关于认真学习贯彻党的十八大精神扎实推进物质富裕精神富有现代化浙江建设的决定》（以下简称《决定》）提出，根据党的十八大精神，从我省实际出发，分两个阶段推进物质富裕精神富有的现代化浙江建设。第一阶段是到 2020 年，按照党的十七大提出的实现人均国内生产总值到 2020 年比 2000 年翻两番、党的十八大提出的实现国内生产总值和城乡居民人均收入比 2010 年翻一番的要求，实现"四个翻一番"，即全省生产总值、人均生产总值、城镇居民人均可支配收入、农村居民人均纯收入到 2020 年均比 2010 年翻一番，分别达到 55500 亿元、104000 元、55000 元、24000 元以上，促进社会全面进步和人民生活水平不断提高。全省各地要围绕这一目标加倍努力，力争提前实现。第二阶段是在实现 2020 年"四个翻一番"目标基础上，再经过一个时期的努力，把浙江建设成为具有较强经济综合实力、国际竞争力、可持续发展能力的省份，成为人民群众普遍过上富裕生活、具有较高文明素质的省份，成为人民群众权益得到充分保障、创造活力得到充分发挥的省份，率先基本实现社会主义现代化，为到新中国成立一百年时建成富强民主文明和谐的社会主义现代化国家和实现中华民族伟大复兴做出积极贡献。

省委《决定》提出，实现第一阶段到 2020 年"四个翻一番"的目标，对建成"两富"现代化浙江具有决定性的意义。实现这个目标也要分步走。具体说，就是抓好"一三五"，不断上台阶："一"就是全力以赴做好 2013 年这一年的工作。年初制定的预期目标是比区生产总值增长 8％以上,城镇居民人均可支配收入、农村居民人均纯收入实际增长均为 8％以上。"三"就是在 2013—2015 年这三年要不折不扣地完成省"十二五"规划确定的目标任务。省"十二五"规划明确提出,"十二五"时期全省地区生产总值年均增长 8％,人均生产总值年均增长 6.8％,城乡居民人均收入分别年均增长 8.5％和 9％。争取到 2015 年,按 2010 年可比价计算的全省生产总值达到 40000 亿元,人均生产总值达到 72000 元,城镇居民人均可支配收入达到 41100 元,农村居民人均纯收入达到17400 元。"五"就是要全面落实省第十三次党代会部署的2013—2017 年这五年的目标任务。省第十三次党代会着眼于浙江改革发展和现代化建设的新形势新要求,围绕建设"两富"现代化浙江的奋斗目标,提出了力争到 2017 年,按 2012 年可比价计算的全省生产总值达到 5 万亿元以上,人均生产总值达到 9万元左右,城镇居民人均可支配收入和农村居民人均纯收入分别达到 50000 元和 22000 元左右,为到 2020 年实现"四个翻一番"奠定坚实的基础。

　　省委《决定》从浙江实际出发,提出我省到 2020 年要实现"四个翻一番"目标,特别增加了人均 GDP 也要同步翻一番的目标,细化了城乡居民收入的目标,而且目标比全国要求更高,这对进一步提升浙江全面小康社会水平,缩小城乡差距,建成"两富"现代化浙江具有决定性的意义,立意高远,目标明确,重点突出,振奋人心。

二、目标的测算及进程监测模型的建立

　　中长期发展目标的测算,从统计学意义上需要考虑几个因素:首先,"翻番"是按基期价格计算的实际增长率。国家统计制度明确规定,按当年价格计算的以货币表现的指标,在不同年份之间进行对比时,因为包含各年间价格变动的因素,不能确切地反映实物量的增减变动,必须消除价格变动的因素后,才能真实地反映经济

发展动态①。因此,在计算增长速度时,一般都使用可比价格计算,要扣除价格上涨或下降因素才能进行同口径比较。由于目前尚无法判断未来几年的价格涨跌幅情况,目标值必须是以基期年价格计算的可比口径。如,2020 年目标,生产总值、人均生产总值、城镇居民人均可支配收入、农村居民人均纯收入分别达到 55500 亿元、104000 元、55000 元、24000 元以上,均是按 2010 年价格计算的。如果以前 10 年的平均价格测算,2020 年,按当年价格计算的生产总值可达 7.5 万亿元以上,人均生产总值可达 13 万元以上,城镇居民人均可支配收入在 6.3 万元以上,农村居民人均纯收入在 3.3 万元以上。也就是说,如果按当年价格计算,"四翻番"目标将较容易地提前到 2017—2018 年前后即可实现。其次,要确定基期年。如,"十二五"规划目标和省委十三届二次全会"四翻番"目标的基期年均为 2010 年,而省第十三次党代会目标的基期年为 2012 年。第三,"四个翻一番"目标的增速要求并不是统一的年均增长 7.2%。省委十三届二次全会提出的"四个翻一番"目标,理论上就是 10 年增长一倍,即 2011—2020 年每年年均增长 7.2%。我省考虑到城乡居民收入增长必须高于 GDP 增长,且考虑了农村居民人均纯收入增长要快于城镇居民人均可支配收入增长的要求,实际上并不是统一的 7.2%。按省委全会制定的目标值来测算,四个目标值年均实际增速要求分别是 GDP 和人均GDP 均为增长 7.2% 左右,城镇居民人均可支配收入增长 7.2% 以上,农村居民人均纯收入增长 7.8% 以上。

(一)年度数据计算监测模型

1. GDP 与人均 GDP

以基期价格计算,监测年份 GDP 绝对值计算公式为

---

① 中华人民共和国国家统计局＞统计知识＞统计词典＞"现行价格""不变价格"与"可比价格",http://www.stats.gov.cntjzstjcd/200205/t20020523_25325.html。

$$GDP_t = GDP_0 \prod_{i=1}^{t}(1+g_i) \tag{1}$$

其中,t 表示监测年份,0 表示基期年份,GDP_t 表示第 t 年以基期价计算的 GDP,g_i 表示以基期年份开始第 i 年相应监测指标 GDP 的实际增长率。

根据公式(1),我们可以计算出 GDP 在任何一个年份的以基期价格计算的 GDP,然后与各项规划设置的目标值进行比较,计算完成任务的情况与进度快慢,即目标实现百分比,计算公式为

$$S_{GDP} = \frac{GDP_t - GDP_0}{GDP_m - GDP_0} \times 100\% \tag{2}$$

在此基础上,我们可以对剩余年份下实现既定目标的难易程度进行一定的估算,即用过去几年的平均增长率与未来年份实现目标所需要的最低增速进行对比。过去年份的平均增速计算公式为

$$g = \sqrt[t]{\prod_{i=1}^{t}(1+g_i)} \tag{3}$$

剩余年份所需的最低增速为

$$g_{min} = \sqrt[m-t]{\frac{GDP_m}{GDP_t}} - 1 \tag{4}$$

其中,S 表示目标实现百分比,m 表示目标年份,g 表示年平均增长速度,g_{min} 表示最低增速。

若 $g_{min} < g$,则在不考虑其他变化因素的情况下,按照以往年份的发展速度,GDP 实现既定目标的可能性较大;若 $g_{min} \geqslant g$,则实现既定目标的可能性相对较小。

人均 GDP 指标变动监测在考虑 GDP 数据变化的同时,还要考虑常住人口的变化因素。不考虑价格因素变化的情况下,人均 GDP 可以通过监测年份的 GDP 除以常住人口年平均数得到,计算公式为

$$人均 GDP_t = \frac{GDP_t}{P_t} \tag{5}$$

其中,P_t 为监测年份的常住人口年平均数。为了与目标规划中的增速要求作比较,我们可以通过基期年份的人均 GDP 与年度

增速相乘得到监测年份的指标数据,计算公式为

$$人均GDP_t = 人均GDP_0 \prod_{i=1}^{i=t}(1+e_i) \tag{6}$$

其中,e_i 表示人均 GDP 增长率,计算公式为

$$e_i = \frac{(1+g_i)}{(1-p_i)} - 1 \tag{7}$$

其中,p_i 表示年平均常住人口增长率。

若不考虑年度之间人口数量的变化因素,即 $p_i = 0$,则人均 GDP 增长率等于 GDP 增长率。在考虑人口变化因素的情况下,按照以往年份来看,由于经济发达省份对外来务工人员有较强的吸引力,因此,我省的人口基本上呈现净增长的趋势。也就是说 $p_i > 0$,则若要想实现人均 GDP 一定的增长速度 e_i,相应地 GDP 要保持比人均 GDP 更快的增长速度。对照"四翻番"目标,在人口保持稳步增长的假设下,GDP 要超过翻番目标才有可能达到人均 GDP 翻番目标,难度加大。

在本课题研究中,我们采用公式(6)计算人均 GDP 数据。

2. 城乡居民收入

参照 GDP 指标监测计算公式,城镇居民人均可支配收入以及农村居民人均纯收入监测年份绝对值计算公式如下:

$$CI_t = CI_0 \prod_{i=1}^{i=t}(1+c_i) \tag{8}$$

$$NI_t = NI_0 \prod_{i=1}^{i=t}(1+n_i) \tag{9}$$

其中,CI 表示城镇居民人均可支配收入,NI 表示农村居民人均纯收入,c_i 和 n_i 分别表示城乡居民收入的年度实际增速。为完成规划目标任务,剩余年份所需的最低增速计算公式为:

$$c_{min} = \sqrt[m-t]{\frac{CI_m}{CI_t}} - 1 \tag{10}$$

$$n_{min} = \sqrt[m-t]{\frac{NI_m}{NI_t}} - 1 \tag{11}$$

对照规划目标,城乡居民收入指标完成目标的进度为

$$S_{CI} = \frac{CI_t - CI_0}{CI_m - CI_0} \times 100\% \tag{12}$$

$$S_{NI} = \frac{NI_t - NI_o}{NI_m - NI_o} \times 100\% \tag{13}$$

(二)季度数据外推监测的可能性分析

为了更加及时跟踪监测指标变化情况,在年度监测的基础上,我们拟打算利用季度数据来监测。由于监测指标均按基期价格计算,是基期同口径数据比较,因此如何利用季度实际增速得到可供数据外推用的年度实际增速成为问题的关键。但从当前我国统计工作实际情况看,季度与年度之间的增速换算难度不小。我们试图通过历史数据来建立起季度增速与年度增速之间的数量关系,并以此作为未来年份季度增速转化为年度增速的途径,但最终发现并无数据规律可循。

GDP 和人均 GDP。我国当前 GDP 核算制度规定,全国每季出季度累计增速和当季增速,省及以下区域数据均为季度累计数,而无当季数据。季度累计增长率,即一季度以来累加与上年同期相比计算得到的增长率,不作季节性调整。该指标能客观、真实地反映经济运行的进展情况,并且随着季度的不断累加,其增长率也越来越接近于年度增长率,增速与年度增长率趋于同步。因此,季度累计增长率比较适合用来预测全年经济增长率,反映经济发展的累计进展程度。在不考虑其他因素的情况下,季度累计增速可直接作为年度增速的参考数据,即年度增速 $g_t \approx g_{ti}$。但是,在季度 GDP 波动明显的年份,季度累计增长率特别是一、二季度的增长率与年度增长率之间还是有一定差异的,直接用季度增速预估年度增速欠妥。人均 GDP 增速的计算通过 GDP 增速与平均人口增速相除可得,而人口指标只有年度数据。

城乡居民收入。城乡居民收入指标情况与 GDP 指标类似,只有季度累计增速。虽然相比较于其他增速而言,季度累计增速比较适合用来预测全年走势,但是由于波动性的存在,直接用季度增速预估年度增速欠妥。而且,当前统计制度中,一至三季度农村居民收入统计的是现金收入口径,全年才有农村居民人均纯收入。

农村居民人均纯收入是指农村居民家庭全年总收入中,扣除从事生产和非生产经营费用支出、缴纳税款和上交承包集体任务金额以后剩余的,可直接用于进行生产性、非生产性建设投资、生活消费和积蓄的那一部分收入,也包括工资性收入、经营性收入、财产性收入、转移性收入。而农民人均现金收入仅包括农村住户和住户成员在调查期内得到的以现金形态表现的收入,没有包括实物折价收入,更没有扣除生产费用。

因此,从目前情况看,要用季度数据预测年度数据实现的可能性相对较小,最多是按照历史规律性预估年度增速。

(三)模型测算结果

对照不同的规划周期以及规划目标,选择相应的基期年份利用以上计算模型,我们可以分别计算各指标的目标完成进度以及剩余年份完成目标所需要的最小增速,以此分析各阶段目标任务的完成情况及最终实现目标的难易程度。"十二五"规划和省委十三届二次全会四翻番目标的基础年份均为2010年,省十三次党代会目标的基础年份为2012年,2013年数据为快报数。

表1   省委十三届二次全会"四翻番"目标完成进度情况(2010—2020)

指　　标	规划目标		完成进度					
	2020年目标值	规划增速(%)	2010年基期值	2013年			2011—2013年均实际增速(%)	2014—2020年所需实际增速(%)
				现价	2010价	目标完成进度(%)		
地区生产总值(亿元)	55500以上	7.2左右	27722	37568	35311	27.3	8.4	6.7
人均生产总值(元)	104000以上	7.2左右	51711	68462	64360	24.2	7.6	7.1

续表

指　　标	规划目标		完成进度					
	2020年目标值	规划增速（%）	2010年基期值	2013年			2011—2013年均实际增速（%）	2014—2020年所需实际增速（%）
				现价	2010价	目标完成进度（%）		
城镇居民人均可支配收入（元）	55000以上	7.2以上	27359	37851	34397	25.5	7.9	6.94
农村居民人均纯收入（元）	24000以上	7.8以上	11303	16106	14557	25.6	8.8	7.41

表 2　"十二五"规划目标完成进度情况（2010—2015）

指　　标	规划目标		完成进度					
	2015年目标值	规划增速（%）	2010年基期值	2013年			2011—2013年均实际增速（%）	2014—2020年所需实际增速（%）
				现价	2010价	目标完成进度（%）		
地区生产总值（亿元）	40000 40733*	8	27722	37568	35311	61.8 58.3	8.4	6.5 7.5*
人均生产总值（元）	72000	6.8	51711	68462	64360	62.3	7.6	5.8
城镇居民人均可支配收入（元）	41100	8.5	27359	37851	34397	51.2	7.9	9.32
农村居民人均纯收入（元）	17400	9	11302	16106	14557	53.4	8.8	9.33

注：* 为按年均增长 8% 的规划增速计算的 2015 年目标值和增速。

表3 省十三次党代会目标完成进度情况（2012—2017）

指 标	规划目标		完成进度				
	2017年目标值	2012年基期值	2013年			2013年实际增速（%）	2014—2017所需年均实际增速（%）
			现价	2012价	目标完成进度（%）		
地区生产总值（亿元）	50000以上	34665	37568	37508	18.5	8.2	7.5
人均生产总值（元）	90000左右	63374	68462	68317	18.6	7.8	7.2
城镇居民人均可支配收入（元）	50000左右	34550	37851	37003	15.9	7.1	7.8
农村居民人均纯收入（元）	22000左右	14552	16106	15731	15.8	8.1	8.7

三、测算结果的分析

从指标数据监测和测算结果看，可以得出以下结论：

1. 虽然"四翻番"各个指标的实现进度有所差异，长期目标的实现程度基本符合时间进度要求，但人均GDP增长目标的实现难度相对较大

从2011—2013年的实现进度看：GDP目标完成进度最快，为27.3%，相对较慢的是人均GDP，完成目标进度为24.2%。剩下的7年时间，四个指标翻番所需要的最低增长速度均小于规划目标增速，在不考虑发生其他突发因素影响的情况下，实现目标的难度不大。相对而言较为困难的是人均GDP，剩下的7年时间要求最低增速达到7.1%，仅靠增长6.7%的GDP自身翻番增速是不够的。因为，今后几年内我省人口负增长的可能性非常小，因此，GDP的增速必须高于7.1%。根据2000、2010年两次人口普查数据,十年间全省人口年均增长 1.59%,2010 年后全省常住人口增长速度明显减缓,2011—2013 年常住人口年平均数分别比上年增长 1.7%、0.28%、0.32%。若用 2011—2013 年人口平均增长速度 0.78% 测算,要如期完成人均 GDP 增长目标,则 GDP 年均增长至少达到 7.94%。当前,我省正处于经济转型发展期,经济增长速度基本回归于中速增长区间。随着经济总量规模的扩张,越到规划年度后期,要保持较快的经济增长态势难度越大。

2."十二五"规划中的居民收入阶段性目标有所欠账,如期实现难度加大

"十二五"规划中涉及人民生活水平的城镇居民人均可支配收入、农村居民人均纯收入年均增速分别要达到 8.5% 和 9%,按照 2013 年年度增长 7.1% 和 8.1% 测算,2011—2013 年前三年年均增长仅 7.9% 和 8.8%,要如期完成"十二五"规划,后两年年均增长均需达到 9.3% 以上,难度加大。

3.省第十三次党代会目标要求较高,目标实现进度相对滞后

以 2012 年为基期的五年期目标,四个指标 2013 年完成规划目标进度均未达到 20%,城镇居民人均可支配收入和农村居民人均纯收入仅为 15.9% 和 15.8%,剩下四年时间要实现规划目标所需的最低增速必须达到 7.8% 和 8.7% 左右,高于 2013 年 7.1% 和 8.1% 的实际增速,增长压力较大。

目前,我国经济已经进入从高速增长到中速增长的换挡期和结构调整的阵痛期,根据分析测算,未来 5 年左右,我省 GDP 增长的底线基本在 7.5%,如前所述,要完成"四翻番"中的人均 GDP 增长目标,GDP 增长率必须达到 7.94%。随着资源环境要素支撑更加困难,还需给全面深化改革和转型升级可能带来的短期调整预留空间,保持经济平稳较快增长的压力依然不小。

因此,要坚持稳中求进的工作总基调,以抓改革、转方式、调结构来促发展,符合科学发展要求、有质量有效益的经济增长应当快一些,符合转型升级要求和符合基础支撑的大项目、好项目应当快一些上，促进经济平稳健康发展。大力推进工业强省建设，大力发展现代服务业和现代农业，全面推进"四换三名"工程，加快推进产业升级。加快推进机器换人，彻底改变过多依赖低成本劳动力的现状，提高劳动生产率，减缓或降低三项人均指标的分母——人口的增长，进而提高人均 GDP 和人均收入水平。随着互联网技术的广泛应用，以电子商务等为形态的服务业发展，是消费方式的重大变革，也是后服务产业的延伸与发展的方向。要发挥我省在电子商务方面起步早、发展快、市场占有率高等优势，积极推进电子商务向各领域拓展。要研究现代消费理念，培育促进消费的品牌，按照基本消费产业服务化、个体消费个性特殊化的发展趋势，改变传统品牌培育理念。统筹推进新型城市化和新农村建设，推动欠发达地区加快发展和低收入农户加快增收。将人民对美好生活的向往作为我们的奋斗目标，将惠民生作为发展经济的出发点和落脚点，不断增进人民福祉。居民增收需要新思维、新举措。在救助、扶贫、就业、社保等传统方式下，增收效果比较有限，外在形态也很难改变。要通过基本消费产业服务化思路，变事后福利保障为事中居民享受，千方百计提高居民收入水平，提高货币收入的含金量，提高城乡居民消费水平、结构、质量的同质性。总之，要以改革为统领，以求真务实的作风，开拓创新，锐意进取，提质增效，推动浙江经济持续健康发展、社会和谐稳定、民生不断改善，争取提前或如期完成各项中长期规划目标。

综合处　王美福　傅吉青　冯淑娟

第二章　浙江省全面建成小康社会
进程统计监测评价

　　党的十六大提出全面建设小康社会的宏伟目标,要在 21 世纪头 20 年,集中力量,全面建设惠及十几亿人口的更高水平的小康社会,使经济更加发展,民主更加健全,科教更加进步,文化更加繁荣,社会更加和谐,人民生活更加殷实,全国各地开始了全面建设小康社会的新征程。党的十七大对实现全面建设小康社会宏伟目标做出全面部署,提出增强发展协调性、扩大社会主义民主、加强文化建设、加快发展社会事业、建设生态文明的高要求。2012 年 11 月召开的党的十八大,根据我国经济社会发展实际和新的阶段性特征,在党的十六大、十七大确立的全面建设小康社会目标的基础上,对全面小康社会提出了新的目标要求,即经济持续健康发展,人民民主不断扩大,文化软实力显著增强,人民生活水平全面提高,资源节约型、环境友好型社会建设取得重大进展,更具明确政策导向、更加针对发展难题、更好顺应人民意愿的新要求,以确保到 2020 年全面建成的小康社会,是发展改革成果真正惠及十几亿人口的小康社会,是经济、政治、文化、社会、生态文明全面发展的小康社会,是为实现社会主义现代化建设宏伟目标和中华民族伟大复兴奠定了坚实基础的小康社会。从"建设"到"建成",一字之差,体现了我党对实现全面小康的坚定决心和坚定信念,充分说明了实现全面小康社会的可期性。

　　根据党的十六大报告中提出的:"有条件的地方可以发展得更快一些,在全面建设小康社会的基础上,率先基本实现现代化"。浙江省委、省政府在研究制定《浙江省国民经济和社会发展第十一

个五年规划纲要》中提出,力争到 2010 年全省基本实现全面小康
社会的目标,为提前基本实现社会主义现代化打下坚实基础。一
多年来,浙江以"全面小康六大行动计划"为抓手,全面建设小康
社会取得了显著成效,在经济建设、文化建设、社会建设以及生
态文明建设等方面取得了新的进展,发展方式转变和转型升级
积极推进,综合实力和可持续发展能力不断提升,人民生活和社
会和谐稳定,全面建设小康社会取得了决定性胜利,2010 年全省
已基本实现全面小康社会的目标。省第十三次党代会报告宣
布,浙江已基本实现了全面建设惠及全省人民小康社会的目标,
为建设物质富裕精神富有的社会主义现代化浙江打下了坚实基
础。但是,我们也看到不平衡、不协调、不可持续问题依然存在,
从基本实现全面小康社会到全面建成小康社会还有一段艰巨的
路要走。

一、小康社会统计监测指标体系的建立、完善和实施过程综述

自从邓小平提出"小康社会"这一新概念以来,尤其是党中央
把建设小康社会作为战略目标之后,国内对小康的理论研究十分
热烈,从各种论文书籍、学者名人谈话,到政策研究报告、统计评价
监测,已发表了大量的文献。20 世纪 90 年代初,国家统计局等部
门联合制定了《全国小康生活水平基本标准》,用以评价和监测实
现小康的进程。总体小康评价指标体系涵盖 5 大方面,包括经济
发展水平、物质生活条件、人口素质、精神生活和生活环境,共计
16 个指标。根据这个标准测算,我省在 1995 年总体小康实现程
度达到 95%以上,即基本实现总体小康。1999 年总体小康实现程
度达到了 100%,即完全实现总体小康的目标。到 2000 年,全国
也基本实现了总体小康的目标。

党的十六大提出全面建设小康社会的目标后,有必要对原来
的总体小康评价指标体系作修改和调整,以建立能够科学反映和

监测我国全面建设小康社会进程的统计指标体系。2003年,省委政研室、省发改委、省统计局开始研究制定浙江省全面小康监测指标体系,该指标体系由经济发展、社会事业、人民生活、社会和谐和生态环境等5大方面24个指标构成,2004年开始测算;2005年11月召开的省委十一届九次全体(扩大)会议将《关于浙江全面建设小康社会进程评价的说明》列入全会参阅材料。根据2007年6月省十二次党代会提出的全面建设小康社会继续走在前列的奋斗目标和党的十七大提出的全面小康新要求,我们对浙江全面建设小康社会进程评价体系部分指标内涵和目标值作了重要修订。稍后,国家统计局科研所对原来的总体小康评价指标体系作修改和调整,建立了能够科学反映和监测我国全面建设小康社会进程的统计指标体系。2008年6月由国家统计局正式印发了《全面建设小康社会统计监测方案》(国统字〔2008〕77号),组织各地统计部门分别对全国及各地2000年以来全面建设小康社会进程进行监测分析,并从2008年起连续编印全国和各地的监测报告。根据国家统计局统计科研所制定的《全面建设小康社会统计监测指标体系》测算,2006—2011年,我省全面小康社会实现度分别为82.3％、85.1％、88.0％、89.5％、91.0％和92.6％,自2010年开始已连续2年达到90％以上。根据《浙江省全面小康监测指标体系》,2006—2011年,我省全面小康社会实现度分别为86.9％、89.6％、91.7％、93.5％、95.2％和96.9％,自2008年开始已连续4年达到90％以上,表明全省已基本实现全面小康,但离100％的全面建成还有一定的距离。在国家统计局科研所制定的23项监测指标中,我省已有14项指标100％以上实现了全面小康目标;2项指标实现程度在90％—100％;3项指标实现程度在80％—90％;4项指标实现程度在70％—80％,分别是R&D经费支出占GDP比重、文化产业增加值占GDP比重、社会安全指数、居民文教娱乐服务支出占家庭消费支出比重。在我省监测的24项指标中已有16项指标100％达到或超过全面小康目标,有5项指标全面小康实现度在90％—99.9％之间,实现度在90％以下的指标分别是平均受教育年限（87.2％）、社会保险覆盖率（85.1％）、每万人律师数（77.6％）等 3 项指标。根据省委十三届二次全会精神，省委政研室、省发改委、省统计局研究制定了《物质富裕精神富有现代化浙江评价指标体系测算方案（试行）》，从 2012 年开始测算试行，替代实施了 8 年的《浙江省全面小康监测指标体系》。

2013 年，国家统计局按照党的十八大提出的全面建成小康社会新要求，对全面建设小康社会指标体系进行了修改和完善，形成了《全面建成小康社会统计监测指标体系》，由 5 大方面 39 个一级指标构成（见本章附表）。按照党的十八大的新要求，指标体系由经济发展、民主法制、文化建设、人民生活和资源环境五个方面组成。经济发展是基础，不仅要实现经济水平逐步提高，更要注重发展方式的转变，走集约型发展道路。民主法制是保障，基本建成法治政府，提高司法公信力，进一步发挥人民积极性、主动性和创造性。文化建设是软实力，提高公民素质和社会文明程度，大力发展文化产业，形成新的支柱产业。人民生活是根本，一切以民为本，实现教育、医疗卫生等公共服务的均等化、实现社会保障的全覆盖，充分就业、缩小差距，实现共同富裕。资源环境是可持续发展，建立生态文明制度，形成人与自然和谐发展的现代化建设新局面。39 个指标中有正指标 29 个，逆指标 6 个，区间指标 4 个。在最早提出的"三步走"战略中，第三步走从 2000 开始到 21 世纪中叶长达 50 年，而到 2020 年力争国内生产总值比 2000 年翻两番，综合国力和国际竞争力明显增强，这是全面建成小康社会、实现现代化建设第三步战略目标的承上启下阶段，因此，小康监测以 2000 年为起点，以 2020 年为终点，反映 20 年间小康建设变化情况。经济基础和人民生活部分是指标体系中相对重要的两个方面，涉及的指标个数较多，权重也较高，分别为 22.0 和 26.5 分，权重合计占整个指标体系的近 50％。同时，考虑到全国 31 个省市区经济社会发展水平基础的不同，国家统计局设计了两套方案，第一套为全国 31 个省市区统一目标值，第二套为东、中、西部的部分目标值设置有区别,各省市可根据自身需要选择不同的评价方案进行评价。正因为小康是一个相对概念,不同地域不同发展阶段有不一样的内涵和标准,因此,本监测指标体系测算的小康指数只反映小康建设的变化趋势,而非小康的实现程度。

二、浙江省全面建设小康社会监测评价结果分析

为了保持与以往监测评价的延续性以及各省市之间的可比性,我省采用第一套方案即统一目标值对 2000—2012 年浙江省全面建成小康社会进展情况进行测算。测算结果显示,浙江省全面建成小康社会总体水平逐年提升,2010 年小康指数首次提升至 90％以上,又经过 2 年的努力,2012 年小康指数进一步提高至 95.82％。

浙江省的全面小康建成进程总体走在全国前列,且从 2002 年以来,全面小康建成进程指数领先于全国指数的优势均保持在两位数。2012 年,浙江省小康指数高于全国(83.55％)12.27 个百分点,居全国第三位,省区第一位,比国家统计局统计科研所的原指标体系测算结果前移 3 位。北京、上海超过 96％,浙江、江苏超过 95％,江苏初步测算结果是 95.2％,天津、广东超过 94％,广东初步测算结果是 94.4％(2010 年前六位分别是上海、北京、广东、天津、江苏、浙江)。

2000—2012 年,浙江省全面建成小康社会进程测算结果显示,自 2010 年以来,小康指数逐年提升,从 2000 年的 62.7％起步,三四年上一个台阶,2004 年上升至 71.3％,2007 年提高到 81.4％,2010 年提升至 90％以上,2012 年进一步提高至 95.82％,连续 3 年达到 90％以上,近 3 年年均提高 2.53 个百分点,基本实现了全面小康目标。2012 年小康指数距离 100％全面实现目标还差 4.2 个百分点,剩余 8 年时间年均只需提高 0.53 个百分点。当然越到后期,剩下未实现的指标再提高难度越大。但浙江仍有望提前率先实现全面建成小康社会的目标任务。

表 1　2000—2012 年浙江小康指数

单位:%

年份	2000 年	2001 年	2002 年	2003 年	2004 年	2005 年	2006 年	2007 年	2008 年	2009 年	2010 年	2011 年	2012 年
经济发展	46.60	48.70	51.30	53.74	56.95	61.40	66.11	72.30	78.92	84.75	92.03	95.10	96.69
民主法制	67.03	64.94	64.32	62.48	61.15	67.03	67.85	69.37	72.09	75.58	77.72	81.70	84.26
文化建设	59.28	60.63	67.54	71.22	78.25	80.98	82.16	83.49	87.31	88.21	94.13	95.67	98.11
人民生活	72.96	74.29	75.56	78.25	80.08	84.42	86.83	87.71	90.02	91.32	94.08	95.79	97.72
资源环境	67.06	67.85	69.92	72.83	75.99	79.65	84.37	87.88	91.92	94.58	90.64	95.49	96.81
小康指数	62.73	63.74	66.13	68.45	71.32	75.47	78.55	81.40	85.37	88.22	91.02	93.95	95.82

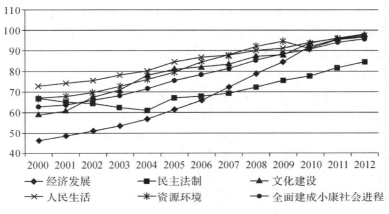

图 1　2000—2012 年浙江小康指数(%)

从 2000 年以来 12 年各领域分指数变化趋势看,经济发展指数起点最低,但提高速度最快,年均提高 4.17 个百分点,已连续 3 年达到 90%以上;人民生活指数几乎一直都是五大方面中最高的一个(2012 年被文化建设方面超越),连续 5 年在 90%以上;文化建设和资源环境指数分别连续 3 年和 5 年达到 90%以上;民主法制指数起点较高,但提高速度相对较慢,年均提高 1.44 个百分点。

(一)经济平稳较快发展,发展质量和效率有所提高

2012 年,浙江省全面建成小康社会经济发展指数为 96.69%,比上年提高 1.59 个百分点,9 项指标中有 6 项指标评价值已达到 100%(详见附表 2,下同)。经济实力进一步提升,人均 GDP 达到 63374 元,比上年增长 7.7%,按 2000 年不变价计算为 59662 元,已超过全面小康目标值(57000 元,按 2000 年不变价计算)。若按照 2020 年比 2010 年翻番的目标测算,则剩下的 8 年需年均增长 7.2%,GDP 需年均增长 6.9%。产业结构和需求结构有所优化,第三产业增加值占 GDP 比重为 45.2%,比上年提高 1.3 个百分点,评价值为 96.17%;居民消费支出占 GDP 的比重为 36.05%,比上年略高 0.02 个百分点,评价值达到 100%。随着城市化进程

的加快,城镇人口比重上升至 63.2％,比上年提高 0.9 个百分点,评价值连续 3 年达到 100％。经济发展后劲动力有所增强,R&D 经费支出占 GDP 比重达到 2.08％,比上年提高 0.18 个百分点,评价值为 83.4％;每万人发明专利拥有量为 6.49 件,比上年增加 1.78 件,增长 37.8％,评价值连续 2 年达到 100％;信息化程度提高,互联网普及率为 59.0％(根据国家工信部调查数据计算),比上年提高 3.1 个百分点;劳动生产效率虽然横向比较还是偏低,但在稳步提高,其中,农村劳动生产率为 3.16 万元/人,比上年提高 11.7％,评价值连续 3 年达到 100％;工业劳动生产率为 10.1 万元/人,比上年提高 4.1％,评价值为 83.9％。

(二)民主法制建设逐步完善,安全感保持在较高水平

2012 年,浙江省全面建成小康社会民主法制指数为 84.26％,比上年提高 1.56 个百分点,记分的 3 项指标中没有 1 项指标评价值达到 100％。其中,基层村级民主参选率为 94.9％(2011 年数据),比 2008 年的 94.3％提高 0.6 个百分点,评价值为 99.89％;社会安全指数为 64.2％,比上年提高 0.4 个百分点,评价值为 64.2％;每万人拥有律师数为 2.13 人,比上年增加 0.19 人,评价值为 92.7％。安全生产形势总体稳定。随着"平安浙江"建设的推进,安全生产事故防范创新体系建设试点积极开展,安全生产防控和保障能力全面提升。2012 年,全省生产安全事故起数、死亡人数和直接经济损失继续保持"三下降",比上年分别下降 4.3％、5.3％和 6.8％。群众对当前公共安全总体反映较好,对社会治安状况评价较高,全省群众安全感满意率为 95.93％,连续 7 年满意率保持在九成以上。

(三)文化资源供给进一步增加,文化建设事业进一步发展

2012 年,浙江省全面建成小康社会文化建设指数为 98.11％,比上年提高 2.44 个百分点,5 项指标中有 4 项指标评价值达到

100%。其中,文化产业增加值占 GDP 比重为 4.56%,比上年提高 0.57 个百分点,评价值为 91.2%。城乡居民文化娱乐服务支出比重近年来基本保持稳定,2012 年城乡居民文化娱乐服务支出占家庭消费支出比重为 6.02%,评价值为 100%;其中,城镇居民文化娱乐服务支出比重为 7.15%,比上年下降 0.11 个百分点,农村居民文化娱乐服务支出比重为 4.01%,比上年提高 0.13 个百分点。公共文化建设投入力度较大,文化服务供给持续加大,文化场馆设施免费开放,公共文化设施网络服务功效增强,涉及公共设施的几项指标评价值均达到 100%。其中,人均公共文化财政支出为 172.18 元,比上年增长 10.4%;有线广播电视入户率为 83.89%,比上年提高 1.6 个百分点;每万人口拥有"三馆一站"建筑面积 808.23 平方米,比上年增长 17.5%。

(四)人民生活水平逐年提高,生活质量进一步改善

2012 年,浙江省全面建成小康社会人民生活指数为 97.72%,比上年提高 1.93 个百分点,记分的 13 项指标中有 9 项指标评价值达到 100%。收入水平提高速度超过经济增长速度。城乡居民收入为 25247 元(2010 价),评价值达到 100%;城镇居民人均可支配收入为 34550 元,农村居民人均纯收入为 14552 元,分别比上年实际增长 9.2% 和 8.8%,均高于 8% 的 GDP 增速,收入水平分别连续 12 年和 28 年居全国省区首位,按照 2020 年翻番目标,后 8 年城乡居民人均收入分别需年均实际增长 7.0% 和 7.5%。城乡居民收入比为 2.37(以农村居民收入为 1),与上年持平,自监测评价开始年份评价值即达到 100%。就业情况较好,城镇登记失业率连续 4 年保持下降趋势,2012 年为 3.01%,自监测评价开始年份评价值即达到 100%。居民生活水平不断提高,衣食住行均有所改善。预期寿命稳步提高,根据人口普查数据预计 2012 年平均预期寿命达到 78.5 岁,自 2006 年开始评价值已连续 7 年达到 100%;城乡居民恩格尔系数为 36.1%,评价值已连续 12 年达到 100%,其中,城镇居民为 35.1%,农村居民为 37.7%,分别比上年

上升 0.5 和 0.1 个百分点,主要是食品价格上涨较多所致;城乡居民人均家庭住房面积达标率(城镇达到 33 平方米,农村达到 30 平方米的家庭比例)为 65.6%,自 2005 年开始评价值即达到 100%,其中城镇达标率为 53.9%,农村达标率为 85.8%;公共交通服务指数为 98.1,评价值为 98.1%,其中每万人拥有公共电(汽)车数为 13.7 标台,行政村客运班车通达率为 93.1%,分别比上年提高 0.1 标台和 0.7 个百分点。农村自来水普及率为 93.9%,卫生厕所普及率为 91.45%,分别比上年提高 1.2 和 1.34 个百分点,评价值分别连续 13 年和 9 年达到 100%。社会公共服务均等化程度有所提升,2012 年平均受教育年限为 9.10 年,比上年提高 0.08 年,评价值为 86.7%;每千人拥有执业医师数为 2.71 人,比上年增加 0.11 人,自 2008 年开始评价值已连续 5 年达到 100%;基本社会保险覆盖率达到 85.5%,比上年提高 5.4 个百分点,评价值接近 90%;其中,养老保险覆盖率为 76.3%,医疗保险覆盖率为 94.6%,分别比上年提高 6.3 和 3.2 个百分点。

(五)资源利用效率有所提高,环境质量有所改善

2012 年,浙江省全面建成小康社会资源环境指数为 96.81%,比上年提高 1.32 个百分点。反映资源利用的 3 项记分指标评价值均达到 100%,表明资源利用效率相对较好。其中,单位 GDP 能耗处于全国先进水平,2012 年为 0.55 吨标准煤/万元(2010 年不变价),比上年下降 6.1%,评价值连续 2 年达到 100%;单位 GDP 用水量为 68.1 立方米,比上年下降 7.3%,自 2007 年开始评价值连续 6 年达到 100%;单位 GDP 建设用地为 32.2 公顷(建设用地面积采用 2008 年调查数据),比上年下降 7.4%,自 2005 年开始评价值连续 8 年达到 100%。环境质量有所改善,环境质量指数为 89.7,比上年提高 1.5 个点,评价值为 89.7%,其中城市空气良好以上天数占全年天数的比例为 94.2%,比上年提高 1.1 个百分点;221 个地表水功能区断面全面水质达标的断面数比例为 64.3%,比上年提高 0.4 个百分点;森林覆盖率为 60.58%;城市

建成区绿化覆盖率为 39.86%,比上年提高 1.47 个百分点。减排工作有效推进,主要污染物排放强度指数为 94.4,比上年提高 5.1 个点,评价值为 94.4%;城市垃圾无害化处理率达到 98.97%,除 2003 和 2005 年外,其余 11 年评价值均达到 100%。

三、浙江省全面建成小康社会进程中亟须关注的问题

在看到全面小康建设取得成绩的同时,也要充分认识到全面建成小康社会任务的艰巨性。2012 年,经济发展、文化建设、人民生活、资源环境 4 个方面指数都在 95% 以上,但民主法制方面落后于经济社会的发展,指数仅有 84.26%,差距较大。35 项纳入计算的监测指标中(不包括暂时未纳入计算的 4 项),已有 23 项指标评价值达到 100%,即近三分之二的指标对总指数的提升空间已为零;评价值在 90%—99.99% 之间的有 5 项;评价值在 80%—89.99% 之间的有 6 项;1 项指标评价值仅为 64.24%。相对落后的方面再提高难度较大,亟须更多的关注和推进。

(一)社会公共安全需进一步加强,民主法制建设需进一步推进

浙江省在保障公共安全方面做了大量工作,也取得了一定成效,全省安全生产总体形势持续稳定好转,安全生产事故起数、死亡人数和直接经济损失连续九年实现了"三下降"。但是浙江社会安全指数仅为 64.2%,仅比上年提高 0.4 个点,是所有指标中评价值最低的,也是提升最缓慢的。主要原因是经济犯罪案件较多,刑事犯罪人数(被告人判决生效人数)比重较高,且近年来呈现小幅上升趋势。同时,民主法治建设需进一步推进。2012 年,浙江省每万名公务人员检察机关立案人数(贪污贿赂和渎职侵权案件)为 7.85 人,比上年增加了 0.84 人。律师数量较少,虽然每万人拥有律师工作人员数为 2.87 人,但拥有执业律师数仅为 2.13 人,距离 2.3 人的全面小康目标值还有一定的差距。

（二）科技创新投入不足，经济发展的动力需进一步提升

浙江省 R&D 经费支出占 GDP 的比重长期处于较低水平。虽然 2012 年比上年提高了 0.18 个百分点，达到 2.08%，但与北京（5.95%）、上海（3.37%）、天津（2.80%）、江苏（2.38%）、广东（2.17%）等经济发展水平较高省份的差距还是不小，离 3.5% 的小康目标值差距也较大。从企业科技投入来看，国际上一般认为 R&D 经费支出占企业主营业务收入的比重达到 2%，企业才可能维持生存，达到 5% 才有竞争力。研发上的低投入导致难以吸引高级人才，从平均受教育年限指标水平可以看出，浙江省的人才结构层次较低。据人口普查资料显示，2010 年平均受教育年限为 8.79 年，据中国统计年鉴资料，2012 年，我省文盲人口占 15 岁及以上人口的比重为 5.12%，高于全国的 4.96%；6 岁及以上人口中未上过学的人口比重为 5.50%，高于全国的 5.29%，与经济大省的地位不相匹配。同时，研发上的低投入，难以购买更先进设备、加大对研发和人力培训的投资，难以实现生产一代、开发一代、研制一代的目标，创新能力难以提升，产业结构层次较低，劳动生产率不高，无法为经济发展提供持续且足够的推动力。2012 年浙江省工业劳动生产率为 10.1 万元/人，在经济发展水平较高的省份中属于偏低水平。即使剔除低小散的小规模企业，2012 年规模以上工业劳动生产率也仅为 15.1 万元/人，只有江苏的 62%。

（三）资源环境保护不容忽视，经济发展代价需进一步控制

随着节能降耗工作的积极推进和生态省建设的深入实施，浙江省能源利用水平和生态环境综合指数居全国前列。但是，作为一个资源小省，过度依赖资源环境消耗的增长方式还没有得到真正转变，粗放型的发展方式难以为继，空气、水、土壤等方面污染仍较严重。环境质量指数在 2010 年后出现了小幅的下降，且离全面

小康目标值相差较远,特别是其中水环境质量令人担忧。2012年,省控监测断面地表水水质达到三类以上的比例为 64.3%,自2011年开始监测点从 171 增加到 221 个,地表水达标率下降较为明显,2012 年比 2010 年下降了 10 个百分点。县级以上集中式饮水水源地水质达标率也还未能达到 90% 以上,仅为 86.4%,亟须进一步加强水污染的治理和饮用水源的保护。

(四)居民收入增长放缓,民生保障水平需进一步提高

浙江居民收入人均水平虽然连年居全国各省区首位,但近年来增速相对较慢。2012 年,城镇居民人均可支配收入和农村居民人均纯收入名义增速分别低于全国 1 和 2.2 个百分点,实际增速低于全国 0.4 和 1.9 个百分点,农村居民人均纯收入增速列全国各省市区末位。我省"十二五"规划要求城乡居民收入增速分别达到 8.5% 和 9%,而 2011—2013 年年均增长仅 7.9% 和 8.8%,有所欠账,如期完成"十二五"规划,后两年均需年均增长 9.3% 以上,难度加大。养老保险覆盖率较低,2012 年仅为 76.3%,保障水平也不高。

四、对策与建议

2012 年 6 月召开的浙江省第十三次党代会提出,今后五年,是浙江省进一步提升全面小康社会水平,向基本实现社会主义现代化迈进的关键时期。夏宝龙书记在 2012 年底省委十三届二次全体(扩大)会议上的报告充分肯定了浙江省基本实现全面建成惠及全省人民小康社会的成绩,但同时也提出了要用党的十八大报告提出的全面建成小康社会和全面深化改革开放的新要求指导浙江工作。

综观国内外形势,浙江经济社会发展面临的机遇和挑战前所未有,但机遇大于挑战的总体态势没有改变。从上述分析来看,浙江省全面小康建设过程中五大领域的各项指标多数都已经基本实

现国家统计局科研所制订的全面建成小康社会统计监测指标体系中的目标值,评价值较低的指标均存在着发展水平相对较低且推进难度较大的问题。因此,浙江必须按照干在实处、走在前列的要求,牢牢把握科学发展主题,以全面深化改革为统领,把推动发展的立足点转到提高质量和效益上来,努力实现速度和结构质量效益相统一、经济社会发展与人口资源环境相协调,切实增强机遇意识、忧患意识和责任意识,继续解放思想,坚持改革开放,推动科学发展,促进社会和谐,改善民生保障,干好"一三五"、实现"四翻番",进一步提升全面小康社会水平,努力建设物质富裕精神富有的现代化浙江。

(一)加强和创新社会治理体制,推动"平安浙江"和"法治浙江"建设

在经济社会发展的转型期,面对各种问题和矛盾凸现、刑事案件高发、社会矛盾多发等严峻形势,要按照建设"平安浙江"的总体要求,健全维护社会和谐稳定长效机制,形成以人为本的社会治理新模式,确保社会和谐稳定。改进社会治理方式,推进社会治理创新综合试点,完善社会治理组织体系和运行机制,激发社会组织活力,健全网格化管理、组团式服务,创新有效预防和化解社会矛盾体制,建立畅通有序的诉求表达、心理干预、矛盾调处、权益保障机制,使群众问题能反映、矛盾能化解、权益有保障。健全公共安全体系。深化安全生产管理体制改革,建立隐患排查治理体系和安全预防控制体系,遏制重特大安全事故,做好突发公共事件应急处置工作。加强流动人口服务和管理,解决农村务工人员的实际困难。坚持依法行政,努力建设法治政府。强化权力运行制约和监督体系,加快电子政务建设,提高政府工作透明度。开展民主法制教育,完善基层民主制度,加强法律服务和法律援助,推动形成良好的法治环境。构建决策科学、执行坚决、监督有力的权力运行体系,健全惩治和预防腐败体系,建设廉洁政治,注重发挥市场机制防治腐败的积极作用,着力铲除滋生腐败

的土壤和条件,减少经济犯罪的机会,努力实现干部清正、政府清廉、政治清明。

(二)全面实施创新驱动发展战略,提高核心竞争力,着力打造浙江经济"升级版"

把创新驱动发展摆在核心战略位置。突破自身发展瓶颈,解决深层次矛盾和问题,根本出路在于全面深化改革和科技创新。促进经济社会持续健康发展,科技是关键、教育是基础、人才是核心。全面推进"四换三名"工程,"腾笼换鸟",大力推进高科技、高附加值的产业和产品,推动新兴产业跨越发展,淘汰高能耗、高排放、低产出的产业和企业;"机器换人",通过技术改造和设备更新,实现减员增效。以提高高技术产业和战略性新兴产业比重来调整产业结构,以提高高技术产品比重来调整产品结构,以提高产业技术来调整劳动力结构,以提高科技贡献率来调整整个经济结构,提高经济核心竞争力,促进经济在转型升级基础上实现长期平稳较快发展。"电商换市",发挥我省在电子商务方面起步早、发展快、市场占有率高等优势,积极推进电子商务向各领域拓展。深入实施科教兴省战略,制定和实施人才强省发展纲要,大力推进科技创新,优先发展教育,全力打造人才高地,以创新引领现代化建设。不断完善区域创新体系,大力发展创新型经济,加快科技教育人才强省建设,加快建设创新型省份,为现代化浙江建设提供强大动力。

(三)加强生态环境保护和治理,建设美丽浙江,增强可持续发展能力

加快生态环境保护机制创新,促进生态环境全面好转。强化节能减排工作责任制,建立和完善单位 GDP 能耗和能源消费总量双控管理机制。推进城乡环境综合整治,探索建设用地投入产出考核机制,实施"亩产倍增"计划、"812"土地整治工程和"三改一拆""四边三化"行动,盘活低效利用建设用地,加快二次开发,实现

"空间换地"。深化循环经济试点省建设。加强环境保护和污染治理,全力打好"五水共治"攻坚战,狠抓清洁水源、清洁空气、清洁土壤专项行动,完善环境执法监管机制,加大源头地区水环境保护力度,加强重点流域、重点地区水环境治理,健全水污染区域联防联控机制,切实保护好绿水青山。大力实施大气污染防治行动计划,加大雾霾治理力度。大力发展生态经济,切实改善生态环境,加快建设资源节约型、环境友好型社会,促进人与自然和谐发展,建设"富饶秀美、和谐安康"的生态浙江。

（四）努力保障和改善民生,加快完善社会保障体系和公共服务体系,促进社会和谐稳定

全面建成小康社会,实现全省人民物质富裕精神富有是一项长期而艰巨的任务。按照十八大提出的到 2020 年实现国内生产总值和城乡居民人均收入比 2010 年翻一番的要求,浙江提出了实现"四个翻一番",即全省生产总值、人均生产总值、城镇居民人均可支配收入、农村居民人均纯收入分别比 2010 年翻一番。实现"四翻番",就要以解决人民最关心最直接最现实的利益问题为着力点,加快建立完善居民收入增长与经济发展同步、劳动报酬增长和劳动生产率提高同步的机制,逐步提高居民收入在国民收入分配中的比重、劳动报酬在初次分配中的比重,着力增加城乡居民收入和家庭财产,力求缩小收入差距,最终实现物质上共同富裕。强化政府公共服务等职责,持续增加公共财政人均公共服务支出。建立更加公平可持续的社会保障制度,推动城乡居民基本养老保险制度、基本医疗保险制度整合,探索建立城乡居民大病保险制度。使人民群众拥有更好的教育、更稳定的工作、更满意的收入、更可靠的社会保障、更高水平的医疗卫生服务、更舒适的居住条件、更优美的环境,社会更加和谐稳定。

课题负责人　傅吉青
课题组成员　王美福　傅吉青　冯淑娟

附录

附表 1　全面建成小康社会统计监测指标体系

	权重		具体指标	计量单位	目标值（方案一）	目标值（方案二）		
						东部地区	中部地区	西部地区
经济发展	22.0	1	人均 GDP（2010 年不变价）	元	≥57000	比 2010 年翻一番		
		2	第三产业增加值占 GDP 比重	%	≥47	≥50	≥47	≥45
		3	居民消费支出占 GDP 比重	%	≥36	≥36		
		4	R&D 经费支出占 GDP 比重	%	≥2.5	≥2.7	≥2.3	≥2.2
		5	每万人口发明专利拥有量	件	≥3.5	≥4	≥3.2	≥3.0
		6	工业生产率	万元/人	≥12	≥12		
		7	互联网普及率	%	≥50	≥55	≥50	≥45
		8	城镇人口比重	%	≥60	≥65	≥60	≥55
		9	农业劳动生产率	万元/人	≥2	≥2		
民主法制	10.5	10	基层民主参选率	%	≥95	≥95		
		11	每万名公务人员检察机关立案人数	人/万人	≤8	≤8		
		12	社会安全指数	—	＝100	＝100		
		13	每万人口拥有律师数	人	≥2.3	≥2.3		
文化建设	14.0	14	文化及相关产业增加值占 GDP 比重	%	≥5	≥5		
		15	人均公共文化财政支出	元	≥150	≥150		
		16	有线广播电视入户率	%	≥60	≥60		
		17	每万人口拥有"三馆一站"公用房屋建筑面积	平方米	≥400	≥400		
		18	城乡居民文化娱乐服务支出占家庭消费支出比重	%	≥5	≥5		
人民生活	26.5	19	城乡居民人均收入（2010年不变价）	元	≥25000	比 2010 年翻一番		
		20	地区人均基本公共服务支出差异系数	%	≤60	≤60		

权重		具体指标	计量单位	目标值（方案一）	目标值（方案二）		
					东部地区	中部地区	西部地区
人民生活 26.5	21	失业率	%	≤6	≤6		
	22	恩格尔系数	%	≤40	≤40		
	23	基尼系数	—	0.3—0.4	0.3—0.4		
	24	城乡居民收入比	以农为1	≤2.8	≤2.6	≤2.8	≤3.0
	25	城乡居民家庭人均住房面积达标率	%	≥60	≥60		
	26	公共交通服务指数	—	=100	=100		
	27	平均预期寿命	岁	≥76	≥76		
	28	平均受教育年限	年	≥10.5	≥10.5		
	29	每千人口拥有执业医师数	人	≥1.95	≥1.95		
	30	基本社会保险覆盖率	%	≥95	≥97	≥95	≥9
	31	农村自来水普及率	%	≥80	≥85	≥80	≥7
	32	农村卫生厕所普及率	%	≥75	≥80	≥75	≥7
资源环境 20.0	33	单位 GDP 能耗（2010 年不变价）	吨标准煤/万元	≤0.6	≤0.55	≤0.62	≤0.55
	34	单位 GDP 水耗（2010 年不变价）	立方米/万元	≤110	≤105	≤110	≤1 5
	35	单位 GDP 建设用地占用面积（2010 年不变价）	公顷/万元	≤60	≤55	≤62	≤6
	36	单位 GDP 二氧化碳排放量（2010 年不变价）	吨/万元	≤2.5	—		
	37	环境质量指数	—	=100	=100		
	38	主要污染物排放强度指数	—	=100	=100		
	39	城市生活垃圾无害化处理率	%	≥85	≥90	≥85	≥9

附表 2　浙江省全面建成小康社会进程统计监测结果

	2011 年		2012 年	
	数值	评价值%	数值	评价值%
一、经济发展		95.10		96.70
1.人均 GDP(2010 年不变价)	55396	97.19	59662	100.00
2.第三产业增加值占 GDP 比重	43.90	93.40	45.20	96.17
3.居民消费支出占 GDP 比重	36.03	100.00	36.05	100.00
4.R&D 经费支出占 GDP 比重	1.90	75.86	2.08	83.38
5.每万人口发明专利拥有量	4.71	100.00	6.49	100.00
6.工业劳动生产率	9.74	81.15	10.07	83.92
7.互联网普及率	55.87	100.00	59.00	100.00
8.城镇人口比重	62.30	100.00	63.20	100.00
9.农业劳动生产率	2.83	100.00	3.16	100.00
二、民主法制		81.70		84.30
10.基层民主参选率	94.90	99.89	94.90	99.89
11.每万名公务人员检察机关立案人数	7.01	—	7.85	—
12.社会安全指数	63.76	63.76	64.24	64.24
13.每万人口拥有律师数	1.94	84.40	2.13	92.71
三、文化建设		95.70		98.10
14.文化及相关产业增加值占 GDP 比重	3.99	79.80	4.56	91.20
15.人均公共文化财政支出	155.99	100.00	172.18	100.00
16.有线广播电视入户率	82.26	100.00	83.89	100.00
17.每万人口拥有"三馆一站"公用房屋建筑面积	687.91	100.00	808.23	100.00
18.城乡居民文化娱乐服务支出占家庭消费支出比重	6.03	100.00	6.02	100.00

续表

	2011 年		2012 年	
	数值	评价值％	数值	评价值％
四、人民生活		95.80		97.7
19. 城乡居民人均收入（2010 年不变价）	22990	91.96	25247	100.0
20. 地区人均基本公共服务支出差异系数	—	—	—	—
21. 失业率	3.12	100.00	3.01	100.00
22. 恩格尔系数	35.73	100.00	36.06	100.00
23. 基尼系数	—	—	—	—
24. 城乡居民收入比	2.37	100.00	2.37	100.00
25. 城乡居民家庭人均住房面积达标率	64.70	100.00	65.64	100.00
26. 公共交通服务指数	96.97	96.97	98.09	98.09
27. 平均预期寿命	78.12	100.00	78.50	100.00
28. 平均受教育年限	9.02	85.91	9.10	86.67
29. 每千人口拥有执业医师数	2.60	100.00	2.71	100.00
30. 基本社会保险覆盖率	80.70	84.95	85.48	89.99
31. 农村自来水普及率	92.67	100.00	93.90	100.00
32. 农村卫生厕所普及率	90.11	100.00	91.45	100.00
五、资源环境		95.50		96.8
33. 单位 GDP 能耗（2010 年不变价）	0.59	100.00	0.55	100.00
34. 单位 GDP 水耗（2010 年不变价）	73.55	100.00	68.12	100.00
35. 单位 GDP 建设用地占用面积（2010 年不变价）	34.72	100.00	32.14	100.00
36. 单位 GDP 二氧化碳排放量（2010 年不变价）	—	—	—	—

续表

	2011 年		2012 年	
	数值	评价值%	数值	评价值%
37. 环境质量指数	88.16	88.16	89.66	89.66
38. 主要污染物排放强度指数	89.30	89.30	94.41	94.41
39. 城市生活垃圾无害化处理率	96.43	100.00	98.97	100.00
小康指数		94.00		95.80

注:本次监测中,单位 GDP 二氧化碳排放量、基尼系数、人均公共基本服务支出系数等 3 项指标数据无法取得,每万名公务人员检察机关立案人数虽取得数据,但暂时不纳入总分计算。PM2.5 达标天数比例暂无数据,用城市空气质量良好以上天数占全年天数比例替代。失业率数据为登记失业率。

第三章   2013 年浙江省级产业集聚区统计监测评价报告

2013 年,浙江省级产业集聚区进一步加大开发力度,不断优化产业结构、突出科技创新和主导产业集聚,加快提升发展,呈现出"投资力度大、招商项目大、产业集聚快、科技创新快"的发展势头。14 个省级产业集聚区(以下简称集聚区)重点规划区"四上"企业主要经济指标明显领先于全省平均发展水平,已成为全省产业转型升级、集聚集约发展、科技创新的主要平台与抓手,也成为全省推进"四大工程"和"411 重大项目"建设的重要载体。

一、推进力度大,建设成效显现

(一)经济较快发展,结构不断优化

一是经济总量提升快。2013 年,集聚区重点规划区共有投产企业 3315 家,比上年增加 536 家;产业增加值 1547 亿元,增长 23.7%,增速比全省生产总值高 15.5 个百分点;工业总产值 4713 亿元,增长 14.9%,增速比全省规上工业高 7.7 个百分点;服务业营业收入 2548 亿元,增长 52.7%,增速比全省限额以上服务业企业高 39.2 个百分点。二是产业结构进一步优化。工业新产品产值增长 30.1%,增速比全省高 5.7 个百分点;新产品产值率 30.8%,高出全省 4.5 个百分点;战略性新兴产业总产值增长 21%,新一代信息技术产业营业收入占服务业总营业收入 18%(详见表1)。

（二）企业创新能力提高，综合竞争力不断增强

一是科技投入大。2013 年，集聚区重点规划区企业科技经费支出 110 亿元，比上年增长 25.5％；工业企业技术研发费支出 58 亿元，增长 24.5％；科技从业人员 4.3 万人，增长 18.4％，累计引进"国千""省千"人才 133 人，企业累计发明专利 3152 项。二是企业盈利能力提高。企业利税总额和利润总额达到 688 亿元和 536 亿元，分别增长 41.7％、54.6％，企业利润增长高于同期财务费用增长，企业抗风险能力增强。三是投产大型企业增多。企业资产总额增长 29.5％，企业户均资产增长 8.6％，累计引进世界 500 强企业 33 家，企业综合竞争力不断加强。

表 1 产业集聚区发展情况表（1）

集聚区（简称）	投产企业（个）	生产总值（亿元）	工业总产值（亿元）	工业新产品产值（亿元）	战略性产业总产值（亿元）	服务业营业收入（亿元）	科技经费支出（亿元）	引进"国千""省千"（人）	企业利税总额（亿元）
杭州大江东	145	114	591	285	213	50	14	8	31
杭州城西	430	403	508	206	156	697	34	40	340
宁波杭州湾	262	142	595	252	272	133	14	9	63
宁波梅山	184	35	22	5	3	780	1	6	15
温州	36	19	59	7	1	35	1		13
嘉兴	240	60	143	68	79	163	5	4	22
湖州	91	35	131	26	37	50	3		11
绍兴	369	156	639	178	203	146	10	7	48
金华	298	92	348	98	47	18	4	9	22
衢州	146	100	346	101	80	57	5	16	25
舟山	129	132	475	16	165	232	8	14	18
台州	435	134	493	120	185	55	7	17	31
丽水	262	52	226	46	10	30	2	3	20

集聚区 (简称)	投产 企业 (个)	生产 总值 (亿元)	工业 总产值 (亿元)	工业 新产品 产值 (亿元)	战略性 产业 总产值 (亿元)	服务业 营业 收入 (亿元)	科技 经费 支出 (亿元)	引进 "国千" "省千" (人)	企业 利税 总额 (亿元)
义乌	288	74	138	40	21	103	3	0	30
合计	3315	1547	4713	1448	1473	2548	110	133	688

(三)投资力度大,开发进程快

2013 年,集聚区重点规划区固定资产投资 2218 亿元,增长 25.1%,增速比全省高 6.8 个百分点。其中,二、三产业投资增长 31.2%。产业投资快于基础设施建设投资,投资结构进一步优化。当年新增单体投资亿元以上建设项目 226 个,占全省新开工总量的 8.6%,新增千万美元以上建设项目 56 个,累计在建总投资 50 亿元以上项目 41 个。已开发建设面积 363.5 平方公里,占重点规划区总面积的 36%(详见表 2)。

(四)注重招大引强,不断提升产业层次

引资成果显著,集聚区新增投产"四上"企业 536 家;当年实际引进内资 944 亿元,增长 34.5%;实际到位外资 26.3 亿美元,增长 31%。协议引进项目投资额 2900 亿元。新增世界 500 强企业 2 家,企业户均资产 2.3 亿元,比上年提高 8.6%。当年工业总产值超过 10 亿元的工业企业 85 家、营业收入超过 10 亿元的服务业企业 47 家。

(五)产业集聚集约发展,产出效率不断提高

在淘宝、金海重工、东风裕隆、恒逸高新、杭叉集团和开山控股等一批行业龙头企业集聚引领下,行业汇聚进程不断加快。2013 年,11 个集聚区主导产业集聚度超过 70%,形成了一批以装备制造业、新材料、电子商务、生物医药等为主导产业的集群

区,其中杭州大江东、宁波杭州湾、绍兴集聚区制造业产值均超过 500 亿元,杭州城西电子商务等服务业营业收入 697 亿元。集聚区重点规划区已建成面积中,当年实现税收收入 9.3 万元/亩,比上年增长 5.2%;当年工业总产值 168 万元/亩,增长 6.5%;当年完成投资 41 万元/亩,增长 13.3%,三年累计完成投资 96 万元/亩。

表 2 产业集聚区发展情况表(2)

集聚区(简称)	开发面积(平方公里)	固定资产投资(亿元)	新增亿元以上项目(个)	引进内资(亿元)	实际到位外资(亿美元)	世界500强企业(个)	企业资产总额(亿元)	企业税收入(亿元)	从业人员(万人)
杭州大江东	36.9	189	5	41	4.8	1	817	28.2	4.6
杭州城西	26.6	130	22	64	5.2	1	1318	77.8	8.1
宁波杭州湾	39.5	234	7	93	1.8	11	636	23.3	7.9
宁波梅山	14.1	140	18	84	1.2	2	289	6.3	1.7
温州	30.8	125	15	68	0.2	0	96	5.3	0.7
嘉兴	18.2	121	4	27	2.2	5	344	13.4	3.5
湖州	20.2	129	28	46	3.4	0	177	5.8	1.4
绍兴	36.0	221	27	58	3.8	1	666	18.4	9.1
金华	27.0	113	17	61	0.5	0	298	11.4	4.8
衢州	16.8	123	14	71	0.3	3	345	8.3	3.3
舟山	31.4	288	14	49	2.1	0	912	23.3	2.0
台州	21.5	170	18	65	0.1	1	564	18.7	9.4
丽水	26.6	97	29	72	0.4	0	139	5.4	2.8
义乌	18.1	138	8	145	0.3	8	1018	15.9	3.9
合计	363.5	2218	226	944	26.3	33	7619	261.6	63.2

二、集聚区评价情况

　　从集聚区综合评价结果来看,在过去一年里集聚区都取得长足发展与进步,纵向比较成效明显,但集聚区间的产业基础、发展进程、区位优势等客观环境差距较大,发展侧重点各不相同,因此横向比较也各具优势与特色。

　　从前三年的情况看,杭州城西、宁波杭州湾、嘉兴等集聚区统计综合评价水平较高。一是区位优势比较明显。水陆空交通便捷,处于长三角核心区域,外围产业基础发展比较完善,招商投资力度大。二是科技创新能力较强。在人才引进、科技经费支出方面力度较大,引进科研院校成效明显。三是龙头企业引领作用突出。淘宝股份公司、大众汽车、恒逸高科、闻泰通讯等大企业引领集聚作用明显。四是产业结构相对完善。二、三产业发展较为协调,社会配套服务发展较快。但集聚区的发展对龙头企业过于依赖,抗市场风险应变能力不足,前期开发起步较早,后期经济发展势头在减缓,工业企业科技创新能力较低,主导产业集聚度不高,投入产出效率还需提高。

　　评价指数处于中游的杭州大江东、台州、绍兴等集聚区均以工业为主,制造业能力较强,经济总量大,发展速度较快,投资建设力度大,企业盈利能力得到提高。但第三产业发展滞后,集聚区早期引进的企业规模小、产业层次低、能耗高,拖累集聚区整体科技创新、投入产出率和产业优化方面的评价得分。

　　评价指数比较靠后的温州、丽水等集聚区主要经济指标发展较快,工业创新能力得到提升,产品结构不断优化,服务业正加快发展,投资推进力度大。但主导产业集聚不明显,区位优势相对欠缺,集聚区离主城区较远,社会配套不完善,不利于人才引进,企业规模相对偏小,科技创新驱动能力不足,缺少行业龙头企业引领集聚。

表3　集聚区综合评价情况表

集聚区 (简称)	加权指数总得分	指数得分排名	产业优化加权指数					创新提升加权指数				
			战略性新兴产业比重	服务业增加值比重	主导产业比重	二、三产业投资增速	大企业数	科技经费支出比重	科技人员比重	"国千""省千"引进数	每万从业人员发明专利	新产品产值比重
杭州大江东	69.79	10	8.2	3.0	6.3	4.6	4.0	3.3	3.9	3.5	3.1	4.8
杭州城西	81.30	1	4.1	9.1	6.1	4.5	4.1	4.5	4.8	5.0	3.2	4.1
宁波杭州湾	74.56	3	9.7	3.3	6.6	4.6	5.0	3.4	4.0	3.7	3.2	4.5
宁波梅山	75.20	2	7.8	7.0	7.0	4.6	4.2	4.7	3.9	3.4	3.1	4.0
温州	69.22	13	6.4	3.7	6.6	5.1	3.6	3.3	3.3	3.2	5.0	3.6
嘉兴	73.96	4	4.9	9.2	4.8	4.6	3.4	3.8	3.7	3.4	3.1	5.0
湖州	73.17	5	7.0	3.7	6.5	5.2	3.8	3.3	3.7	3.2	3.4	3.8
绍兴	70.11	9	8.2	3.2	6.6	4.2	4.8	3.2	3.5	3.5	3.2	3.6
金华	69.74	12	7.3	3.3	5.7	5.8	3.8	3.1	3.7	3.7	3.1	3.8
衢州	69.77	11	8.3	3.1	5.2	4.1	3.8	3.2	3.5	3.9	3.3	4.1
舟山	73.16	6	8.0	3.1	6.4	4.8	4.0	3.4	4.3	3.9	3.0	3.0
台州	70.59	8	8.3	3.1	6.1	4.4	4.2	3.2	3.5	3.5	3.1	3.7
丽水	67.34	14	7.2	3.1	5.5	4.2	3.7	3.2	4.0	3.3	3.4	3.4
义乌	71.82	7	3.8	7.1	6.0	4.7	5.7	3.4	3.3	3.3	3.1	3.9

集聚区 (简称)	发展效率加权指数					环境保护加权指数			
	单位土地面积投资额	单位土地面积产业增加值	单位土地面积税收	劳动生产率	企业总资产贡献率	主要污染物减排率	单位增加值能耗水平	单位增加值水耗水平	废物综合利用率
杭州大江东	4.6	3.8	3.4	2.6	2.7	1.5	3.6	2.1	0.6
杭州城西	4.6	6.0	5.0	3.8	3.6	1.5	4.1	2.6	0.6
宁波杭州湾	4.9	4.0	3.7	2.5	2.9	1.5	4.0	2.5	0.6
宁波梅山	5.9	4.1	4.0	3.4	2.8	1.5	4.0	2.4	0.6
温州	3.7	3.6	3.2	2.6	2.6	1.5	4.1	2.4	0.6

续表

集聚区（简称）	发展效率加权指数					环境保护加权指数			
	单位土地面积投资额	单位土地面积产业增加值	单位土地面积税收	劳动生产率	企业总资产贡献率	主要污染物减排率	单位增加值能耗水平	单位增加值水耗水平	废物综合利用率
嘉兴	4.7	4.2	3.7	2.8	2.9	1.5	4.0	2.8	0.8
湖州	5.3	3.9	3.3	3.4	2.8	2.5	4.6	2.8	1.0
绍兴	4.8	4.1	3.4	2.6	2.8	1.5	3.7	2.5	0.6
金华	4.5	3.9	3.4	2.4	2.8	2.0	3.9	2.7	1.0
衢州	5.0	4.2	3.2	3.0	2.7	1.5	3.5	2.6	0.8
舟山	5.7	4.1	3.6	2.4	2.4	2.0	4.0	3.0	0.8
台州	5.2	4.1	3.5	2.4	2.7	2.0	4.0	2.5	0.6
丽水	4.2	3.8	2.7	2.4	2.9	2.0	4.0	2.3	1.0
义乌	5.3	4.0	3.5	2.6	2.6	2.0	4.0	2.7	1.0

三、存在问题与不足

（一）发展质量需进一步改善

一是科技创新不够。集聚区内高新技术企业少，自主创新能力不足。以制造业为主的集聚区较早引进的一些低端制造业还大量存在，生产工艺落后，产出效率低，行业集中度低，需进一步加快对传统产业和落后产能转型升级与技术创新。二是主导产业集聚度不高。2013 年，集聚区最大主导产业占总量比重不足 40% 的有 8 个，超过 50% 的只有杭州城西和宁波梅山 2 个集聚区，主导产业集聚引领作用不够。三是产城发展不协调。集聚区大部分远离主城区，城乡配套设施不完善，园区周边缺少医疗、购物、娱乐休闲等生活设施，不便于人们生活和居住，也不利于人才集聚，社会配套服务发展滞后。四是产业引进定位不清晰。集聚区主导产业均以装备制造、新材料、生物医药等广泛和模糊的概念表述，产业准入门槛不清晰,招商目标定位不准确,集聚区之间招商陷入雷同,没有真正实现错位发展、特色发展,不利于主导产业的做大做强。五是提升发展政策合力不够。对集聚区内高新企业扶持、产业转型升级和"四换三名"等政策分散在不同职能部门,没有形成协同的叠加合力。

(二)发展不够平衡,重点不突出

一是开发进程差距大,有的集聚区重点规划区域开发起步早,发展建设比较成熟,集聚协同效应已显成效,但部分集聚区发展刚刚起步,还没有形成集聚和规模效应,且重点规划区布局过于分散,产业"集而不聚"。2013 年,已开发建设面积超过重点规划面积 50％的有杭州大江东、宁波杭州湾等 3 个集聚区,而宁波梅山、衢州开发比重不足 30％。杭州城西、绍兴和台州投产企业超过300 家,温州、湖州投产企业不足 100 家。二是基础设施建设差异大,推进力度也有差距。2013 年,宁波杭州湾、绍兴和舟山固定资产投资超过 200 亿元,丽水还不到 100 亿元,温州、湖州、金华等集聚区基础设施建设相对较慢。三是重点规划区面积过于分散,主导产业培育不突出;土地指标、重点项目等资源要素分配过于分散,建设重点不突出。

(三)建设资金缺口大,融资渠道少

集聚区启动虽有三年时间,但基础设施建设任务依然繁重艰巨,资金不足仍是集聚区快速发展的主要障碍。集聚区前期投资均以国有控股投资为主推进,2011 年国有控股投资额占投资总额的 28％,2013 年这一比例又上升了 3 个百分点,基础建设投资主要依靠政府推动局面没有改变,在引进多元化投资渠道方面还缺少有效的桥梁与平台。

(四)体制机制创新力度不够

目前,集聚区的管理机构主要管理核心区块的建设推进,对各

片区缺少有效的统筹协调手段,片区还是各管各的事,各开发主体之间的利益分配、征迁处理、产业定位与基础建设等问题很难统筹协调,工作效率低。服务保障上有的集聚区还没落实"直通车"审批服务模式,涉企审批事项还未全部纳入中心统一办理,服务不完善。

综合处　潘东兴

第四章　2012 年浙江省统筹城乡发展水平评价报告

　　2012 年,各级党委、政府坚持统筹城乡发展的基本方略,按照"调结构、抓转型,重投入、优环境,惠民生、促和谐"的要求,扎实推进"全面小康六大行动计划",加大投入和改革创新力度,全省统筹城乡发展水平显著提升。现将评价结果报告如下。

一、全省统筹城乡发展水平评价

(一)总体评价

　　2012 年,全省统筹城乡发展水平综合评价得分为 87.30 分,比 2011 年 83.69 分增加了 3.61 分。按照初步统筹(45—60 分)、基本统筹(60—75 分)、整体协调(75—90 分)、全面融合(90 分以上)四个阶段的划分,全省城乡统筹发展水平处于整体协调阶段(见图 1)。

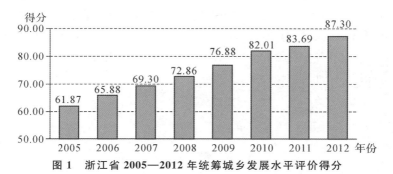

图 1　浙江省 2005—2012 年统筹城乡发展水平评价得分

（二）领域评价

2012 年,经济发展、公共服务、人民生活、生态环境四大领域统筹水平全面提升,目标实现度分别为 85.5％、93.4％、82.7％和 87.9％;比上年分别提升了 0.9、3.3、5.5 和 5.3 个百分点。领域间差距进一步缩小,实现度最高与最低值差距从 2011 年的 12.9 个百分点,缩小到 2012 年的 10.7 个百分点(见图 2)。

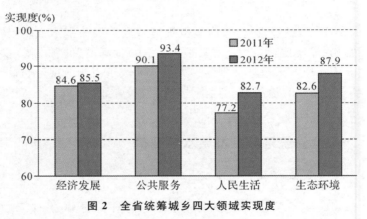

图 2　全省统筹城乡四大领域实现度

（三）指标评价

2012 年,全省 33 项指标实现度整体呈现较快增长。实现度在 90％以上、达到全面融合阶段的指标有 14 项,占 42.4％,比上年新增 5 项;实现度 75％—90％、处于整体协调阶段的指标有 12 项,占 36.4％;实现度 60％—75％、处于基本统筹阶段的指标有 4 项,占 12.1％;实现度 60％以下、处于初步统筹阶段的指标有 3 项,占 9.1％(见图 3)。

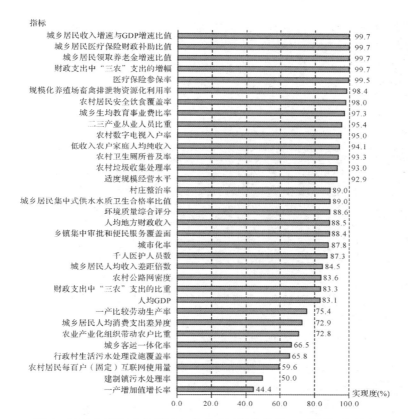

指标

城乡居民收入增速与GDP增速比值	99.7
城乡居民医疗保险财政补助比值	99.7
城乡居民领取养老金增速比值	99.7
财政支出中"三农"支出的增幅	99.7
医疗保险参保率	99.5
规模化养殖场畜禽排泄物资源化利用率	98.4
农村居民安全饮食覆盖率	98.0
城乡生均教育事业费比率	97.3
二三产业从业人员比重	95.4
农村数字电视入户率	95.0
低收入农户家庭人均纯收入	94.1
农村卫生厕所普及率	93.3
农村垃圾收集处理率	93.0
适度规模经营水平	92.9
村庄整治率	89.0
城乡居民集中式供水水质卫生合格率比值	89.0
环境质量综合评分	88.6
人均地方财政收入	88.5
乡镇集中审批和便民服务覆盖面	88.4
城市化率	87.8
千人医护人员数	87.3
城乡居民人均收入差距倍数	84.5
农村公路网密度	83.6
财政支出中"三农"支出的比重	83.3
人均GDP	83.1
一产比较劳动生产率	75.4
城乡居民人均消费支出差异度	72.9
农业产业化组织带动农户比重	72.8
城乡客运一体化率	66.5
行政村生活污水处理设施覆盖率	65.8
农村居民每百户（固定）互联网使用量	59.6
建制镇污水处理率	50.0
一产增加值增长率	44.4

实现度(%)
0.0 20.0 40.0 60.0 80.0 100.0

图3　2012年浙江省统筹城乡发展水平评价体系33项指标实现度

二、市、县城乡统筹发展水平评价

（一）11个市评价

2012年,11个设区市统筹城乡发展力度进一步加大,统筹水平稳步提高。从总体得分看,宁波、嘉兴、杭州3个市得分超90分,开始进入全面融合阶段;湖州、舟山、绍兴、金华、台州、温州6个市得分超78分,全面进入整体协调阶段;丽水、衢州2市得分尚未超 75 分,仍处于基本统筹阶段(见图 4)。从增长幅度看,11 个市平均增长 3.25 分;丽水增幅最大,增长了 5.44 分。从位次变化看,杭州、湖州、金华、丽水 4 个市的位次分别向前提升 1 位。

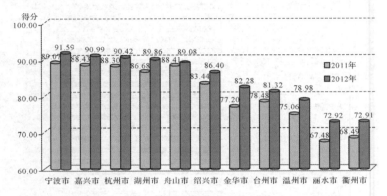

图 4　2012 年浙江省 11 个市统筹城乡发展评价得分

(二)61 个县(市、区)评价

2012 年,全省 61 个按一级财政体制结算的县(市、区)统筹城乡发展水平整体提升。绍兴县、余杭区等 9 个县(市、区)率先进入全面融合阶段,长兴县、平湖市等 30 个县(市)全面进入整体协调阶段,江山市、云和县等 22 个县(市)仍处于基本统筹阶段。

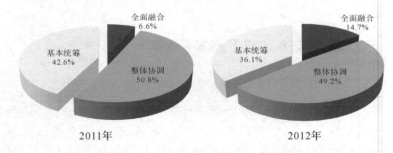

图 5　61 个县(市、区)统筹城乡发展水平分阶段数量占比

1. 9 个县(市、区)率先进入全面融合阶段

2012 年,全省共有 9 个、占 15％的县(市、区)率先进入全面融合阶段。按得分高低依次是绍兴县、余杭区、鄞州区、慈溪市、萧山区、余姚市、嘉善县、德清县、海宁市(见图 6)。其中慈溪市、余姚市、嘉善县、德清县、海宁市 5 个县(市)为新进入。

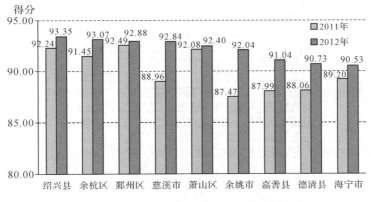

图 6　2012 年处于全面融合阶段的 9 个县(市、区)

2. 30 个县(市)全面进入整体协调阶段

2012 年,全省共有 30 个、占 49％的县(市)得分在 75 分以上,全面进入整体协调阶段。按得分高低依次是长兴县、平湖市、桐庐县、玉环县、义乌市、桐乡市、海盐县、安吉县、富阳市、诸暨市、岱山县、宁海县、奉化市、临安市、永康市、上虞市、嵊泗县、温岭市、象山县、东阳市、嵊州市、新昌县、瑞安市、建德市、武义县、洞头县、乐清市、临海市、三门县、浦江县(见图 7)。其中武义县、洞头县、三门县、浦江县 4 个县为新进入。

3. 22 个县(市)仍处于基本统筹阶段

2012 年,全省有 22 个、占 36％的县(市)得分尚未超过 75 分,仍处于基本统筹阶段。按得分高低依次是江山市、云和县、磐安县、兰溪市、平阳县、永嘉县、天台县、苍南县、遂昌县、松阳县、龙泉

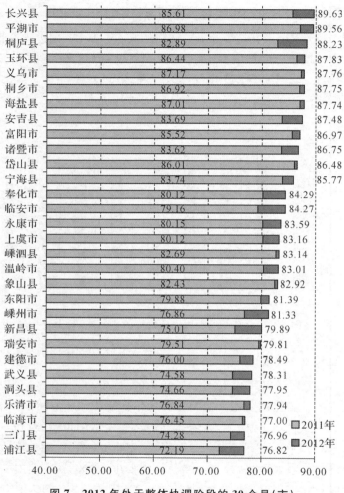

图7   2012 年处于整体协调阶段的 30 个县(市)

市、仙居县、龙游县、淳安县、景宁县、泰顺县、青田县、常山县、文戶
县、庆元县、开化县、缙云县。

评价结论：全省上下始终把统筹城乡发展作为全面小康社
会建设的重要内容，切实加大重点领域和关键环节、后进领域和
后进地区推进力度，呈现了三大明显缩小的趋势：领域间差距明

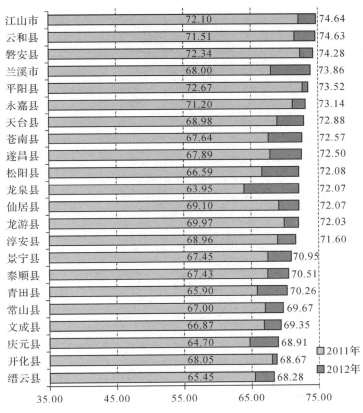

图 8　2012 年 22 个处于基本统筹阶段的县(市)

显缩小,目标实现度最高与最低值差距缩小了 2.2 个百分点;地区之间差距明显缩小,设区市得分最高与最低间差距缩小了 2.91 分,县(市、区)间得分最高与最低间差距缩小了 3.47 分;指标间目标实现度差距明显缩小,公共服务、人民生活和生态环境方面的指标实现度最高与最低间的差距分别缩小了 5.9、2.9 和 5.4 个百分点,全省统筹城乡发展水平向全面融合迈进了一大步。

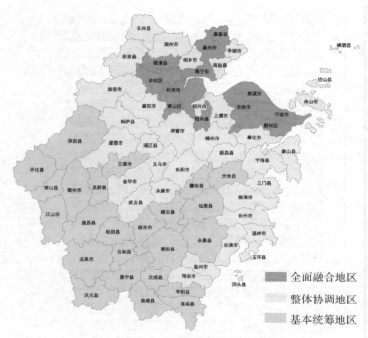

图 9   2012 年浙江省统筹城乡发展水平分布图

三、问题与建议

2012 年全省城乡统筹发展整体良好，进步较大，但有一些新情况、新问题，必须引起高度关注。从统筹领域看，人民生活领域"短板"问题仍然存在。尽管 2012 年人民生活领域提高了 5.5 个百分点，是升幅最快的领域之一，但在四大领域中目标实现度依然最低。从具体指标看，个别指标实现度进展缓慢增长难度较大。2012 年全省城乡居民收入从增长速度、差距比值上看均没有明显的提升，一产增加值由于耕地资源减少、海洋渔业增速放缓、畜牧业生态规模限制、农民种植意愿递减、优质农产品比重不高等因素，增长率同比回落，为近五年最低，加大了全省实现"四翻番"的压力。建制镇污水处理率、行政村生活污水处理设施覆盖率等指标实现度仍然偏低,影响统筹城乡进程加快推进。从发展瓶颈看,重点领域和关键环节的制度障碍仍然存在。受制于法律法规的限制和财政兜底的压力,农村土地要素、金融要素、户籍制度等改革以及公共服务均等化推进难度较大,进展不快,制约了城乡一体化发展。

按照省委、省政府干好"一三五"、实现"四翻番"和建设"两富"现代化浙江的总体要求,对下一步推进统筹城乡发展提出如下建议。

——着力搭建统筹城乡战略平台,加快转移农民富裕农民,进一步缩小城乡收入差距。着力推进县城、小城市、中心镇培育建设,充分发挥准入门槛低、转移成本轻和就业岗位多的优势,就近稳定转移农民,提高非农就业人员比重,拓展农民增收渠道,进一步提升农村居民收入水平。

——大力培育新型农业经营主体,加快推进现代农业发展,进一步提升一产发展水平。积极发展专业合作社和家庭农场,加快培育有创业创新能力的新型农业生产经营主体,提高农业产业化经营水平和农民组织化程度;大力推进农业"两区"建设,加快农村土地承包经营权流转,发展规模农业、设施农业、品牌农业,提升现代农业发展水平。

——加大农村设施建设力度,着力提升公共服务水平,进一步改善生产生活条件。深入推进"三改一拆""四边三化"和"双清"行动,加大"美丽乡村"建设力度,大力实施基本公共服务均等化行动计划,促进城市基础设施向农村延伸,城市公共服务向农村覆盖,城市现代文明向农村传播,营造农村良好的生产生活生态环境。

——深入推进农村综合改革,创新城乡统筹发展体制机制,进一步激发农村发展活力。着力推进农村"三权"改革,探索建立农村宅基地使用权扩大交易范围的增值机制、农村集体资产分配权股份化机制、农村承包土地经营权定量不定位的长久不变机制,有效解决城镇化"城市没有拉力、农民进城没有动力、政府没有推力"问题,促进城乡一体化发展。

省发改委 省统计局

附录

附表1　11个市统筹城乡发展水平综合评价得分

区域	2012年		2011年	区域	2012年		2011年	区域	2012年		2011年
	得分	位次	得分		得分	位次	得分		得分	位次	得分
浙江省	87.30	—	83.69	湖州市	89.86	4	86.68	台州市	81.32	8	78.48
宁波市	91.59	1	89.07	舟山市	89.08	5	88.40	温州市	78.98	9	75.08
嘉兴市	90.99	2	88.43	绍兴市	86.40	6	83.44	丽水市	72.92	10	67.48
杭州市	90.42	3	88.30	金华市	82.28	7	77.20	衢州市	72.91	11	68.48

附表2　61个县(市、区)统筹城乡发展水平综合评价得分

区域	2012年		2011年	区域	2012年		2011年	区域	2012年		2011年
	得分	位次	得分		得分	位次	得分		得分	位次	得分
浙江省	87.30	—	83.69	宁海县	85.77	21	83.74	磐安县	74.28	42	72.34
绍兴县	93.35	1	92.24	奉化市	84.29	22	80.12	兰溪市	73.86	43	68.00
余杭区	93.07	2	91.45	临安市	84.27	23	79.16	平阳县	73.52	44	72.67
鄞州区	92.88	3	92.49	永康市	83.59	24	80.15	永嘉县	73.14	45	71.20
慈溪市	92.84	4	88.96	上虞市	83.16	25	80.12	天台县	72.88	46	68.98
萧山区	92.40	5	92.08	嵊泗县	83.14	26	82.69	苍南县	72.57	47	67.64
余姚市	92.04	5	87.47	温岭市	83.01	27	80.40	遂昌县	72.50	48	67.89
嘉善县	91.04	7	87.99	象山县	82.92	28	82.43	松阳县	72.08	49	66.59
德清县	90.73	8	88.06	东阳市	81.39	29	79.88	龙泉市	72.07	50	63.95
海宁市	90.53	9	89.20	嵊州市	81.33	30	76.86	仙居县	72.07	50	69.10
长兴县	89.63	10	85.61	新昌县	79.89	31	75.01	龙游县	72.03	52	69.97
平湖市	89.56	11	86.98	瑞安市	79.81	32	79.51	淳安县	71.60	53	68.96
桐庐县	88.23	12	82.89	建德市	78.49	33	76.00	景宁县	70.95	54	67.45
玉环县	87.83	13	86.44	武义县	78.31	34	74.58	泰顺县	70.51	55	67.43
义乌市	87.76	14	87.17	洞头县	77.95	35	74.66	青田县	70.26	56	65.90
桐乡市	87.75	15	86.92	乐清市	77.94	36	76.84	常山县	69.67	57	67.00
海盐县	87.74	16	87.01	临海市	77.00	37	76.45	文成县	69.35	58	66.87
安吉县	87.48	17	83.69	三门县	76.96	38	74.28	庆元县	68.91	59	64.70
富阳市	86.97	18	85.52	浦江县	76.82	39	72.19	开化县	68.67	60	68.05
诸暨市	86.75	19	83.62	江山市	74.64	40	72.10	缙云县	68.28	61	65.45
岱山县	86.48	20	86.01	云和县	74.63	41	71.51				

附表 3　浙江省 2012 年统筹城乡发展水平综合评价得分表

领域	序号	具体指标 指标名称	序号	细化指标 指标名称	权重	2012 年 实现度	得分	2011 年 实现度	得分
统筹城乡经济发展	1	二、三产业从业人员比重	1	二、三产业从业人员比重	5	95.4	4.77	95.0	4.75
	2	人均 GDP	2	人均 GDP	6	83.1	4.99	81.0	4.86
	3	人均地方财政收入	3	人均地方财政收入	6	88.5	5.31	85.5	5.13
	4	城市化率	4	城市化率	6	87.8	5.27	86.5	5.19
	5	现代农业发展水平	5	一产比较劳动生产率	2	75.4	1.51	71.5	1.43
			6	一产增加值增长率	1	44.4	0.44	80.0	0.80
			7	农业产业化组织带动农户比重	1	70.8	0.71	64.0	0.64
			8	适度规模经营水平	1	92.9	0.93	89.0	0.89
统筹城乡公共服务	6	财政支出中用于"三农"的比重和增幅	9	财政支出中"三农"支出的比重	5	83.3	4.17	77.4	3.87
			10	财政支出中"三农"支出的增幅	3	99.7	2.99	99.7	2.99
	7	城乡生均教育事业费比率	11	城乡生均教育事业费比率	4	97.3	3.89	98.3	3.93
	8	千人医务人员数	12	千人医务人员数	4	87.3	3.49	81.5	3.26
	9	城乡居民养老医疗保险水平差异度	13	城乡居民领取养老金增速比值	3	99.7	2.99	89.7	2.69
			14	城乡居民医疗保险财政补助比值	3	99.7	2.99	99.7	2.99
			15	医疗保险参保率	2	99.5	1.99	98.0	1.96
	10	乡镇集中审批和便民服务覆盖面	16	乡镇集中审批和便民服务覆盖面	2	88.4	1.77	86.5	1.73
统筹城乡人民生活	11	城乡居民人均收入差异度	17	城乡居民人均收入差距倍数	4	84.5	3.38	84.5	3.38
			18	城乡居民收入增速与 GDP 增速比值	3	99.7	2.99	77.3	2.32
			19	低收入农户家庭人均纯收入	1	94.1	0.94	86.0	0.86

续表

领域	具体指标		细化指标		权重	2012 年		2011 年	
	序号	指标名称	序号	指标名称		实现度	得分	实现度	得分
统筹城乡人民生活	12	城乡交通统筹水平	20	农村公路网密度	2	83.6	1.67	81.5	1.63
			21	城乡客运一体化率	2	66.5	1.33	65.0	1.30
	13	城乡安全饮用水差异度	22	城乡居民集中式供水水质卫生合格率比值	2	89.0	1.78	89.0	1.78
			23	农村居民安全饮用水覆盖率	2	98.0	1.96	97.5	1.95
	14	农村信息化应用水平	24	农村居民每百户(固定)互联网使用量	2	59.6	1.19	54.5	1.09
			25	农村数字电视入户率	2	95.0	1.90	70.0	1.40
	15	城乡居民人均消费支出差异度	26	城乡居民人均消费支出差异度	6	72.9	4.37	72.7	4.36
统筹城乡生态环境	16	环境质量综合评分	27	环境质量综合评分	5	88.6	4.43	86.6	4.33
	17	农村垃圾收集处理率	28	农村垃圾收集处理率	5	93.0	4.65	90.0	4.50
	18	农村污水集中处理率	29	行政村生活污水处理设施覆盖率	1	65.8	0.66	58.0	0.58
			30	建制镇污水处理率	1	50.0	0.50	45.0	0.45
			31	规模化养殖场畜禽排泄物资源化利用率	1	98.4	0.98	98.0	0.98
	19	农村卫生厕所普及率	32	农村卫生厕所普及率	3	93.3	2.80	92.0	2.76
	20	村庄整治率	33	村庄整治率	4	89.0	3.56	72.8	2.91
合　　　计					100	—	87.30	—	83.69

附表4　浙江省及11个市2012年统筹城乡发展水平指标得分表

区域	统筹城乡发展总分	统筹城乡经济发展	1.一、二、三产业从业人员比重	2.人均GDP	3.人均地方财政收入	4.城市化率	5.一产比较劳动生产率	6.一产增加值增长率	7.农业产业化组织带动农户比重	8.适度规模经营水平	统筹城乡公共服务	9.财政支出"三农"和增幅	10.财政支出中"三农"支出比重增幅	11.城乡教育费比率增幅	12.千人医务人员数增速	13.城乡居民领取养老金增速比值	14.城乡居民医疗人均财政补助值比值	15.医疗保险参保率	16.乡镇集中审批和便民服务民覆盖面
(上级指标)			1.一、二、三产业从业人员比重	2.人均GDP	3.人均地方财政收入	4.城市化率	\[5.现代农业发展水平\]					6.财政支出中用于"三农"的比重		7.城乡教育费比率	8.千人卫生医务人员数	9.城乡居民养老保险水平差异			10.乡镇集中审批和便民服务覆盖面
权重	100	28	5	6	6	6	2	1	1	1	26	5	3	4	4	3	3	2	2
浙江省	87.30	23.93	4.77	4.99	5.31	5.27	1.51	0.44	0.71	0.93	24.28	4.17	2.99	3.89	3.49	2.99	2.99	1.99	1.77
杭州市	90.42	26.50	4.95	5.99	5.99	5.99	1.35	0.56	0.71	0.96	23.69	4.33	2.18	3.56	3.99	2.89	2.99	1.99	1.76
宁波市	91.59	26.57	4.99	5.99	5.99	5.78	1.99	0.22	0.62	0.99	24.45	3.68	2.99	3.88	3.99	2.94	2.99	1.99	1.99
温州市	78.98	21.35	4.91	4.43	4.24	5.56	0.60	0.38	0.49	0.74	20.20	4.33	0.79	3.23	2.98	2.22	2.70	1.99	1.96
嘉兴市	90.99	24.54	4.99	5.65	5.40	4.61	1.99	0.36	0.70	0.84	23.87	4.29	2.99	3.99	3.57	2.33	2.99	1.99	1.72
湖州市	89.86	23.58	4.76	5.00	4.74	4.59	1.99	0.53	0.98	0.99	23.37	4.26	2.71	3.93	3.17	2.34	2.99	1.98	1.99
绍兴市	86.40	24.18	4.73	5.61	4.96	5.01	1.51	0.67	0.81	0.88	23.21	4.33	2.99	3.99	3.05	2.36	2.99	1.99	1.51
金华市	82.28	22.04	4.45	4.81	4.52	5.12	0.63	0.89	0.74	0.88	22.45	4.33	2.67	3.48	3.25	1.94	2.99	1.97	1.82
衢州市	72.91	17.89	3.34	4.19	3.90	3.88	0.31	0.67	0.74	0.86	20.42	4.33	2.14	3.65	2.37	1.92	2.36	1.99	1.66
舟山市	89.08	26.26	4.76	5.77	5.79	5.44	1.99	0.99	0.75	0.77	20.06	3.20	0.27	3.99	3.54	2.46	2.99	1.99	1.62
台州市	81.32	21.49	4.48	4.54	4.27	4.74	1.28	0.56	0.72	0.90	20.69	4.33	1.67	3.59	2.69	1.95	2.48	1.99	1.99
丽水市	72.92	17.94	3.35	4.05	3.89	4.38	0.32	0.87	0.63	0.45	21.55	4.33	2.80	3.86	2.66	1.92	2.37	1.99	1.62

浙江省及11个2012年统筹城乡发展水平指标得分表（续表）

区域	统筹城乡发展总分	统筹城乡人民生活	11.城乡居民人均收入差异度			12.城乡交通统筹水平		13.城乡安全饮用水差异度		14.农村信息化应用水平		15.城乡居民人均消费支出差异度	统筹城乡生态环境	16.环境质量综合评分	17.农村垃圾收集处理率	18.农村污水集中处理率			19.农村卫生厕所普及率	20.村庄整治率
			17.城乡居民人均收入差距倍数	18.城乡居民收入增速与收入均GDP增速比值	19.低收入农户家庭人均收入	20.农村公路网密度	21.城乡客运一体化率	22.居民集中式供水水质卫生合格率比值	23.农村居民安全饮用水覆盖率	24.农村居民每百户(固定)互联网使用量	25.农村数字电视入户率	26.城乡居民人均消费支出差异值		27.环境质量综合评分	28.农村生活垃圾集中处理率	29.行政村生活污水处理设施覆盖率	30.建制镇污水处理率	31.规模化养殖场畜禽排泄物资源化利用率	32.农村卫生厕所普及率	33.村庄整治率
权重	100	26	4	3	1	2	2	2	2	2	2	6	20	5	5	1	1	1	3	4
浙江省	87.30	21.51	3.38	2.99	0.94	1.67	1.33	1.78	1.96	1.19	1.90	4.37	17.58	4.43	4.65	0.66	0.50	0.98	2.80	3.56
杭州市	90.42	21.66	3.81	2.56	0.89	1.14	1.39	0.83	1.98	1.49	1.99	5.58	18.57	4.59	4.99	0.73	0.59	0.98	2.99	3.70
宁波市	91.59	23.19	3.89	2.99	0.93	1.74	1.49	1.99	1.99	1.29	1.76	5.12	17.38	3.98	4.98	0.50	0.35	0.99	2.90	3.68
温州市	78.98	21.59	3.38	2.99	0.99	1.39	1.85	1.98	1.96	1.36	1.52	4.17	15.84	4.15	4.50	0.62	0.24	0.97	2.61	2.75
嘉兴市	90.99	25.04	3.99	2.99	0.88	1.99	1.99	1.99	1.99	1.99	1.99	5.24	17.54	2.99	4.99	0.85	0.77	0.99	2.99	3.96
湖州市	89.86	24.20	3.82	2.99	0.97	1.99	1.99	1.99	1.98	1.34	1.99	5.14	18.71	4.47	4.95	0.87	0.73	0.99	2.88	3.82
绍兴市	86.40	22.05	3.84	2.99	0.99	1.71	1.65	1.99	1.97	1.02	1.99	4.62	16.96	3.56	4.60	0.68	0.45	0.99	2.84	3.84
金华市	82.28	20.58	3.08	2.99	0.92	1.79	1.99	1.27	1.95	0.83	1.99	3.54	17.21	4.14	4.65	0.70	0.57	0.98	2.59	3.63
衢州市	72.91	16.00	2.48	2.99	0.87	1.04	1.63	1.50	1.93	0.69	0.92	2.61	18.60	4.99	4.99	0.85	0.67	0.95	2.71	3.78
舟山市	89.08	23.95	3.96	2.99	0.86	1.99	1.38	0.84	1.98	1.46	1.35	5.99	18.81	4.73	4.85	0.92	0.43	0.994	2.83	3.92
台州市	81.32	22.01	3.37	2.99	0.94	1.74	1.52	1.99	1.96	1.57	1.99	4.51	17.13	4.30	4.50	0.62	0.42	0.98	2.82	3.14
丽水市	72.92	15.34	2.05	2.93	0.82	0.52	0.89	1.37	1.93	0.51	1.99	2.26	18.09	4.98	4.50	0.69	0.63	0.99	2.86	3.44

第五章　2012 年度浙江省工业强县(市、区) 综合评价分析报告

按照"干好一三五,实现四翻番"的要求,为了深入贯彻省委、省政府关于建设工业强省的战略部署,监测、评价工业强县(市、区)建设的进程和效果,强化建设工业强县(市、区)的导向,推进工业强县(市、区)建设试点工作,我们建立了一套导向明确、指标科学、全面反映工业发展水平和工业转型升级进展的综合评价指标体系,并组织开展了工业强县(市、区)综合评价工作。评价工作按全省和县(市、区)两个层次,分别进行测算和研究。现将评价结果分析如下。

一、工业强省建设基本情况

2012 年,全省以提高工业增长质量和效益为中心,以四个"全面推进"为主要抓手,全面实施工业强省和工业强县(市、区)建设,工业强省建设取得阶段性成果。

(一)质量效益逐步好转

2012 年,我省工业系统攻坚克难、真抓实干,扭转了 2011 年下半年以来工业经济增速加速下滑的状况,呈现"低开稳走向上"的格局,工业经济总量不断壮大,质量效益水平有所提升。2012 年,全省工业增加值 15338 亿元,比上年增长 7.4%[①];人均工业增

①　文中与工业增加值有关的指标增速均扣除价格计算。

加值同步增加到 2.8 万元,比上年增长 7.2％;工业固定资产投资占主营业务收入的比例由 2011 年的 9.6％提高到 10.5％;规模以上工业全员劳动生产率 14.9 万元/人,比上年提高 9.0％。

(二)自主创新能力得到提升

我省紧紧围绕建设创新型省份和科技强省目标,通过有效构建创新平台,培育创新载体,集聚创新要素,完善创新机制,形成了以企业为主体的创新体系,自主创新对工业发展的驱动力逐步增强。2012 年,我省规模以上工业 R&D 经费支出 588.6 亿元,占主营业务收入的比重为 1.0％,比上年提高 0.1 个百分点;每百个规模以上工业企业拥有研发机构数 20.6 个,比上年增加 0.9 个;每万人拥有工业有效发明专利授权数 3.7 个,比上年增加 0.4 个,自主创新转化成效显著。2012 年,规模以上工业企业新产品产值 13591 亿元,新产品产值率 23.0％,比上年提高 1.3 个百分点。

(三)结构调整扎实推进

加快培育发展战略性新兴产业、高新技术产业和高端装备制造业,深化产业结构战略性调整,产业转型升级步伐有所加快。2012 年,规模以上工业中,高新技术产业和装备制造业增加值占规模以上工业的比重分别由 2011 年的 23.9％和 34.2％提高到 24.9％和 35.2％;战略性新兴产业增加值占规模以上工业的比重略有下降,由 2011 年的 24.3％下降至 23.9％。反映我省工业产品质量水平和国际竞争力的重要指标——规模以上工业企业主导产品采标率也有较大幅度提高,由 2011 年的 43.5％提高到 46.3％,提高了 2.8 个百分点。

表 1   浙江省工业强省具体统计指标完成情况

指标名称	统计值	完成程度(％)
人均工业增加值(万元)	2.8	51.2
工业固定资产投资与主营业务收入的比例(％)	10.5	87.6

续表

指 标 名 称	统计值	完成程度(%)
规模以上工业增加值率(%)	18.3	61.1
规模以上工业主营业务收入利润率(%)	5.4	54.0
规模以上工业全员劳动生产率(万元/人)	14.9	42.5
规模以上工业R&D经费支出占主营业务收入的比例(%)	1.0	51.0
每百个规模以上工业企业研发机构数(个)	20.6	45.8
每万人拥有工业有效发明专利授权数(个)	3.7	61.7
规模以上工业新产品产值率(%)	23.0	65.7
主导产业工业增加值占规模以上工业增加值的比重(%)	25.1	41.8
战略性新兴产业增加值占规模以上工业增加值的比重(%)	23.9	59.9
高新技术产业增加值占规模以上工业增加值的比重(%)	24.9	62.3
装备制造业增加值占规模以上工业增加值的比重(%)	35.2	78.2
规模以上工业企业主导产品采标率(%)	46.3	77.2
信息化指数	0.8	45.9
企业"两化"融合应用指数	—	—
规模以上工业单位工业用地增加值(万元/亩)	77.6	38.8
规模以上工业单位能耗工业增加值(万元/吨标准煤)	1.1	27.8
单位水耗工业增加值(元/立方米)	252.5	63.1

(四)单位资源产出有所增加

面对日益突出的资源紧缺的矛盾,提高单位资源产出势在必行。我省积极推动工业经济走绿色发展道路,向"少消耗、多产出、效率高"转变。2012 年,我省规模以上工业单位工业用地增加值77.6 万元/亩,比上年提高 4.6%;规模以上工业单位能耗工业增加值 1.1 万元/吨标准煤,比上年提高 7.3%;单位水耗工业增加值 252.5 元/立方米,比上年提高 8.1%。

二、工业强县(市、区)综合评价

根据工业强县(市、区)综合评价体系,我们对 90 个县(市、区)进行了评价指标的收集、整理、查询和测算①。实际测算过程中,我们对部分无法取得的指标进行特殊处理,主要包括:"企业'两化'融合应用指数"暂不纳入评价;县(市、区)区域信息化发展指数暂以 2010 年上级市指数代替;部分区单位水耗工业增加值暂以上级市数据代替;各县(市、区)常住人口暂以 2010 年人口普查数据代替。

工业强县(市、区)综合评价结果显示,2012 年,90 个县(市、区)中,得分超过 60 分的有滨江区、鄞州区、萧山区和慈溪市 4 个县(市、区),得分在 50—60 分的有 10 个县(市、区)、在 40—50 分的有 26 个县(市、区)、在 30—40 分的有 38 个县(市、区)、30 分以下的有 12 个县(市、区),分别占 4.4%、11.1%、28.9%、42.2%和 13.4%。

(一)工业强县(市、区)建设取得积极成效

1. 各县(市、区)工业做强的总体水平有了提高

从总量规模看,全省规模以上工业总产值超 1000 亿元和 500亿元的县(市、区)分别达到 15 个和 38 个,比上年分别增加 1 个和 3 个。从综合评价得分看,90 个县(市、区)中,有 64 个县(市、区)综合评价得分比上年有所提高。其中,综合评价得分提高 5 分以

---

① 除规模以上工业企业能源消耗总量取自统计快报,其他数据均取自年报统计报表。

上的有 6 个县(市、区);提高 3—5 分的有 13 个县(市、区);提高 3 分以下的县(市、区)有 45 个。各县(市、区)总体得分区间分布情况相比 2011 年有了较明显的改善(见表 2)。可以说,通过一年多的努力,全省各县(市、区)工业整体水平得到有效提升。

表 2　90 个县(市、区)综合评价得分情况比较

得分区间	县(市、区)数量		
	2011 年	2012 年	两年比较
得分超过 50 分	12	14	增加 2 个
得分在 40—50 分	39	40	增加 1 个
得分在 30—40 分	74	78	增加 4 个
得分低于 30 分	16	12	减少 4 个

2. 创新驱动动力增强、转型升级步伐有所加快

2012 年,90 个县(市、区)综合评价平均得分由 2011 年的不到 40 分提高到 40.9 分,质量效益、自主创新、结构优化、"两化"融合和绿色发展 5 个一级指标平均得分分别是 42.7、36.7、47.3、45.7 和 33.7 分,比 2011 年均有所提高。其中,自主创新和结构优化 2 个一级指标分别提高 3.3 和 1.8 分,提高幅度最大,说明各县(市、区)工业经济在总量规模扩张的同时,自主创新能力建设和产业结构优化的步伐明显要快于规模总量的扩张,体现了做强的要求。从 18 个二级指标看,90 个县(市、区)绝大多数指标的实现程度均值比 2011 年都有不同程度提高,提高最快的 3 个指标有:属于一级指标自主创新中的规模以上工业 R&D 经费支出占主营业务收入的比例、规模以上工业新产品产值率;属于一级指标结构优化中的规模以上工业企业主导产品采标率。

3. 工业强县(市、区)建设示范带动效应增强

90 个县(市、区)以 2011 年为基准年按照规模以上工业总产值划分为三大类。第Ⅰ档(1000 亿元以上)县(市、区)综合评价平均得分 54.6 分。其中,质量效益 57.3 分,自主创新 53.7 分,结构调整 66.3 分,两化融合 49.6 分,绿色发展 42.1 分。第Ⅱ档(500亿—1000 亿元)县(市、区)综合评价平均得分为 45.3 分。其中,质量效益 47.8 分,自主创新 42.0 分,结构调整 53.2 分,两化融合 47.3 分,绿色发展 35.8 分。第Ⅲ档(500 亿元以下)县(市、区)综合评价平均得分为 36.2 分。其中,质量效益 37.5 分,自主创新 30.9 分,结构调整 40.9 分,两化融合 44.2 分,绿色发展 31.0 分。第Ⅰ档县(市、区)是工业强县(市、区)建设主要试点县(市、区),其综合评价得分均值和五个一级指标得分均值都要显著高于第Ⅱ和Ⅲ档县(市、区),在工业强县(市、区)建设中具有很好的标杆作用,有助于形成试点县(市、区)带动非试点县(市、区)发展的良好格局。

(二)做强工业仍面临较多问题

1. 部分县(市、区)工业经济基础还较薄弱

从工业强县(市、区)综合评价看,目前还存在个别县(市、区)综合评价得分过低,县(市、区)之间得分差距过大,部分县(市、区)综合评价得分比上年有所下降等问题。2012 年,规模以上工业总产值低于 500 亿元的县(市、区)总数尚有 52 个,占比近 60%;综合评价得分低于 40 分的县(市、区)占比依然维持在 50% 以上;得分最低的三个县(市、区)综合评价得分仅 25 分左右;有 26 个县(市、区)综合评价得分比上年下降,下降幅度最大的有 8.6 分之多。

2. 制约工业做强的深层次矛盾仍较多

从评价结果看,自主创新和绿色发展 2 个一级指标得分明显偏低,平均得分比其他 3 个一级指标低 5 分以上,说明尽管目前我省在自主创新和转变发展方式上取得了一定成绩,但还远远不够,如果不能很好地破解创新驱动发展、提高单位资源产出的难题,这将成为今后提高工业增长质量和效益的关键制约。此外,值得注意的是,2012 年全省规模以上工业企业主营业务收入利润率、曾

加值率、战略性新兴产业增加值占工业增加值的比重等3个指标完成程度有所下降。我省规模以上工业增加值率一直偏低,在全国排名垫底。究其原因,主要是我省工业产业层次低,产品档次低,市场定位低,技术含量低,企业素质和竞争力相对偏低,多数企业处于产品链和价值链的末端,抵御外部环境变化和抗风险的能力弱。因此,做强工业,必须解决我省长期积累的工业经济深层次矛盾。

三、工业强县(市、区)建设的对策建议

(一)进一步提升对工业强县(市、区)建设重要性和必要性的认识

多年来,我省工业增加值占GDP的比重维持在45%左右,并且在未来一段时期,工业仍然是浙江经济增长的主体,是推动经济发展和提高城乡居民收入的主要贡献力量。当前,我省工业发展面临着较大瓶颈。工业强县(市、区)综合评价反映出我省工业发展的不少问题,根本原因在于,我们停留在过度依赖资源投入、"以量取胜"的粗放式的传统工业化发展方式太长太久,长期以来工业发展重规模、轻效益的问题突出。我省必须摆脱传统工业的思维定式,以抓工业强县(市、区)建设为依托,走新型化工业道路,加快推动从工业大省向工业强省、制造大省向"智造强省"转变。

(二)加快转变工业发展方式、推进转型升级

全面推进工业强县(市、区)建设,提升工业经济竞争力,打造工业经济"升级版",必须把加快发展方式转变、推进转型升级作为重要举措。要全面贯彻省委十三届三次全会精神,以创新驱动发展、驱动升级。推进产业集聚区创建高新区和现代高新区转型升级工作,形成新兴产业与高新技术产业错位发展、高水平发展的新布局;抓好现代装备产业各类基地的建设;全面推进"机器换人"

"四减两提高"现代化技术改造专项行动；加快推进"两化"深度融合；抓实抓好主导产业技术创新综合试点工作；深入推进能源"双控"工作。

（三）积极探索做强工业的方法，加快推进工业强县（市、区）建设

一是要探索形成一批新的工作抓手。在原有工作抓手的基础上，创新方法，合理统筹，使各项工作互相支撑、互相促进。二是要探索形成有效的省市县联动、各部门联合、各种资源集聚的工作机制。工业强省建设的工作要省市县一起来研究，一起来实施，工业部门牵头、涉工部门形成合力，统筹财政、经信、科技、土地、人才、能源、排放等政策资源来支持工业做强。三是建立健全工业强县（市、区）监测和激励制度。以工业强县（市、区）试点单位为重点，就工业强县（市、区）试点创建的政策措施落实情况、规划实施情况、企业研究院建设情况等方面，开展专项检查，对推进力度不大、实施效果不佳的县（市、区）提出整改意见，并做好跟踪监测。要建立与工业强县（市、区）综合评价相挂钩的激励政策。

工业处

附件

工业强县(市、区)综合评价方案

一、评价的指导思想和基本原则

(一)指导思想

深入贯彻落实科学发展观,全面实施"八八战略"和"干好一三五,实现四翻番"的决策部署,以科学发展为主题,以加快转变经济发展方式为主线,结合我省工业经济发展实际,建立导向明确、指标科学、全面反映工业发展水平和工业转型升级进展的评价指标体系,引导和促进我省各地深化改革、扩大开放和提高自主创新能力,不断增强工业核心竞争力和可持续发展能力,加快推动我省从工业大省向工业强省、制造大省向"智造强省"转变,为建设物质富裕精神富有的现代化浙江奠定坚实基础。

(二)基本原则

1. 导向性原则

贯彻省委、省政府的战略思路和工作部署,按照科学发展和加快转变发展方式的要求,围绕国家《工业转型升级规划(2011—2015 年)》和《浙江工业强省建设"十二五"规划》的目标,通过建立指标体系和开展评价工作,引导各地走出一条科技含量高、经济效益好、环境污染少、人力资源得到充分发挥的新型工业化路子。

2. 系统性原则

指标体系作为一个有机的整体,应该能够反映和测度被评价系统的主要特征和基本状况。工业由大变强和转型升级涉及面非常广泛,涵盖质量效益、自主创新、结构优化、"两化"融合和绿色发展等方面内容,评价指标体系应全面反映各个领域的发展状态。

3. 针对性原则

要针对现阶段县域工业发展的特征、趋势和转型升级重点,选择评价指标。对部分在全国、全省范围内需要突出,但对县域工业发展没有普适性的指标予以淡化(不纳入或降低权重)。充分考虑各地在发展阶段、产业结构等方面的差异,尽量选取具有共性的指标,以保证指标的可比性。

4. 可行性原则

按照数据的可获得性和可靠性选取指标,便于定量分析。指标体系尽量简洁,为了便于操作,在指标设置上要体现少而精的原则,所选指标宜控制在 20 个以内。对于一些必须反映而又缺乏统计指标支持的内容,待条件成熟后再纳入评价指标体系。

二、评价指标体系构成和目标值、权数的确定

根据上述评价指标体系设置原则,我们构建了工业强县(市、区)评价指标体系,该指标体系由质量效益、自主创新、结构优化、"两化"融合和绿色发展等 5 个方面 19 项具体指标组成。

(一)指标构成

1. 质量效益

由 5 个指标构成。我们用人均工业增加值反映区域工业发展的综合水平,以工业固定资产投资与主营业务收入的比例反映工业投资的强度,以规模以上工业增加值率、主营业务收入利润率和全员劳动生产率反映工业发展的质量和效益。

2. 自主创新

选取规模以上工业 R&D 经费支出占主营业务收入的比例、

每百个规模以上工业企业研发机构数、每万人工业授权专利数和新产品产值率等 4 个指标来反映工业自主创新投入以及取得的成效。

3.结构调整

用主导产业(前 3 位)、战略性新兴产业、高新技术产业和装备制造业增加值占规模以上工业增加值比重来反映工业结构的调整优化状况,以规模以上工业企业主导产品采标率来反映企业产品结构的升级优化状况。

4."两化"融合

选用信息化指数来综合反映区域信息化水平以及"两化"融合状况,用企业"两化"融合应用指数综合反映工业化和信息化融合状况。

5.绿色发展

用单位工业用地、单位能耗和单位水耗产出的 3 个工业增加值指标反映工业发展过程中资源利用状况。

(二)目标值的确定

这涉及工业强省和工业强县实现进程和期限问题。初步设想是,通过 3 个 5 年规划时期的努力,到 2025 年基本建成工业强省强县(市、区)的目标。目标值的设置主要基于以下几点。一是参照对相关指标的预测数据。考虑到今后十多年浙江工业将出现由高速增长转入中速增长的阶段性变化,对一些速度指标的预测不宜过高。二是对一些质量、结构、效益指标,参照发达国家和地区已达到的水平,结合浙江工业发展的实际情况加以确定。三是参考国家《工业转型升级规划(2011—2015 年)》《浙江工业强省建设"十二五"规划》,以及其他远景规划的一些目标。总之,要根据未来浙江工业发展的阶段特征、工业化的一般规律、国家和浙江工业转型升级的规划目标来研究提出各项评价指标的目标值,并征求有关方面意见和专家评审后确定。

附表 1　浙江省工业强县(市、区)评价指标体系

权数		序号	指标名称	单位	目标值	权数
质量 效益	30	1	人均工业增加值	万元	5.5	8
		2	工业固定资产投资与主营 业务收入的比例	%	12	4
		3	规模以上工业增加值率	%	30	6
		4	规模以上工业主营业务收 入利润率	%	10	6
		5	规模以上工业全员劳动生 产率	万元/人	35	6
自主 创新	20	6	规模以上工业 R&D 经费支 出占主营业务收入的比例	%	2	6
		7	每百个规模以上工业企业 研发机构数	个	45	4
		8	每万人拥有工业有效发明 专利授权数	个	6	5
		9	规模以上工业新产品产 值率	%	35	5
结构 调整	20	10	主导产业工业增加值占规 模以上工业增加值的比重	%	60	2
		11	战略性新兴产业增加值占规 模以上工业增加值的比重	%	40	7
		12	高新技术产业增加值占规 模以上工业增加值的比重	%	40	5
		13	装备制造业增加值占规模 以上工业增加值的比重	%	45	2
		14	规模以上工业企业主导产 品采标率	%	60	4
两化 融合	10	15	信息化指数	—	1.8	10
		16	企业"两化"融合应用指数	—	—	

续表

权数	序号	指标名称	单位	目标值	权数
绿色发展　20	17	规模以上工业单位工业用地增加值	万元/亩	200	8
	18	规模以上工业单位能耗工业增加值	万元/吨标准煤	4	8
	19	单位水耗工业增加值	元/立方米	400	4

(三)指标权重的确定

基本采用平均赋权法,在此基础上,对综合性、重点导向指标适当加大权重,并征求有关方面意见和专家评审后确定。权重分数合计为100分。

需要指出的是,工业强县评价指标体系的指标构成、目标值和权重设置还仅是初步研究结果,将在今后实际工作中进一步完善和改进。

四、综合评价方法

工业强县(市、区)建设是一个先大后强、由大变强的过程。按照这一思路,我们确定的评价方法和评价步骤如下:

1.计算各地区各评价指标与目标值的比例,即各评价指标的实现程度

$X_i' = X_i / X_m \times 100\% =$ 实际值/目标值 $\times 100\%$(各指标值用 X_i 表示,目标值用 X_m,实现程度用 X_i' 表示)。如果某指标的实际值超过目标值,为免出现"一俊遮百丑"的现象,以100%封顶。

2.确定各地区各规模指标对工业强县(市、区)建设的贡献系数

经过多次模拟试算,各地区各指标规模贡献系数以各地区规模指标最大值贡献系数为1.4,最小值贡献系数为0.6的线性函数来确定。信息化发展指数由于没有规模指标,各地区规模贡献系数均为 1。

3. 计算各地区各个指标评价得分,计算方法为评价指标与目标值的比例乘规模贡献系数

如果某指标评价得分超过 100,则取 100。

4. 对各个指标评价得分加权得到综合评价得分

附录

附表 1 工业强县(市、区)综合评价总得分及排名

县(市、区)	总得分	位次	县(市、区)	总得分	位次
上城区	55.31	9	慈溪市	60.63	4
下城区	46.43	23	奉化市	38.93	45
江干区	46.08	26	鹿城区	33.86	68
拱墅区	46.18	25	龙湾区	38.14	51
西湖区	49.18	15	瓯海区	36.40	59
滨江区	79.49	1	洞头县	30.01	78
萧山区	67.34	3	永嘉县	46.95	21
余杭区	52.66	11	平阳县	28.47	82
桐庐县	40.60	40	苍南县	25.73	89
淳安县	32.72	71	文成县	25.60	90
建德市	37.26	58	泰顺县	26.01	88
富阳市	44.67	29	瑞安市	41.06	38
临安市	48.61	17	乐清市	58.13	7
海曙区	33.22	70	南湖区	38.15	50
江东区	46.88	22	秀洲区	37.63	56
江北区	42.86	32	嘉善县	43.32	31
北仑区	51.14	13	海盐县	51.66	12
镇海区	48.47	18	海宁市	45.40	27
鄞州区	73.96	2	平湖市	45.02	28
象山县	37.84	54	桐乡市	41.54	36
宁海县	47.55	20	吴兴区	38.44	47
余姚市	58.02	8	南浔区	39.28	42

续表

县(市、区)	总得分	位次	县(市、区)	总得分	位次
德清县	38.58	46	江山市	37.99	52
长兴县	43.36	30	定海区	38.42	48
安吉县	37.29	57	普陀区	35.41	62
越城区	34.90	63	岱山县	41.72	35
绍兴县	48.92	16	嵊泗县	26.08	86
新昌县	59.92	5	椒江区	42.31	34
诸暨市	53.98	10	黄岩区	39.41	41
上虞市	59.44	6	路桥区	39.22	43
嵊州市	40.74	39	玉环县	46.32	24
婺城区	31.16	75	三门县	31.79	72
金东区	31.33	74	天台县	35.88	61
武义县	34.18	66	仙居县	37.92	53
浦江县	36.22	60	温岭市	47.88	19
磐安县	34.63	65	临海市	41.11	37
兰溪市	34.76	64	莲都区	33.42	69
义乌市	37.80	55	青田县	39.19	44
东阳市	42.50	33	缙云县	38.24	49
永康市	50.79	14	遂昌县	29.74	79
柯城区	28.93	81	松阳县	26.09	85
衢江区	28.36	83	云和县	30.55	76
常山县	26.03	87	庆元县	31.63	73
开化县	34.12	67	景宁县	29.40	80
龙游县	30.23	77	龙泉市	26.48	84

附表 2 工业强县(市、区)综合评价一级指标得分及排名

县(市、区)	规模效益	位次	自主创新	位次	结构调整	位次	两化融合	位次	绿色发展	位次
上城区	75.09	1	33.09	51	21.44	88	54.78	1	82.01	1
下城区	32.51	74	40.72	33	64.80	15	54.78	1	50.45	14
江干区	37.91	54	42.38	28	45.52	47	54.78	1	58.23	7
拱墅区	46.67	28	26.53	66	77.84	6	54.78	1	29.12	47
西湖区	33.28	73	49.86	14	68.26	12	54.78	1	50.48	13
滨江区	74.62	2	90.80	1	93.68	2	54.78	1	73.63	3
萧山区	73.20	3	69.32	5	72.62	10	54.78	1	57.58	8
余杭区	48.97	23	58.55	9	68.81	11	54.78	1	35.11	33
桐庐县	49.64	21	31.98	54	46.30	46	54.78	1	22.85	71
淳安县	39.20	50	21.37	75	31.72	72	54.78	1	24.32	60
建德市	47.11	24	43.18	26	30.60	75	54.78	1	14.45	87
富阳市	49.58	22	41.75	30	61.43	20	54.78	1	18.40	80
临安市	44.64	33	46.08	20	79.74	5	54.78	1	22.91	69
海曙区	29.40	80	19.90	77	23.26	85	51.28	14	53.18	9
江东区	55.20	12	27.18	64	25.49	81	51.28	14	73.28	4
江北区	26.34	90	54.76	11	58.30	23	51.28	14	36.11	30
北仑区	61.14	8	49.00	15	62.29	18	51.28	14	27.08	55
镇海区	59.18	10	37.19	43	47.76	42	51.28	14	42.97	21
鄞州区	71.39	4	75.64	2	82.72	4	51.28	14	78.73	2
象山县	33.41	71	40.38	34	43.30	53	51.28	14	29.78	45
宁海县	44.92	31	66.69	7	39.37	58	51.28	14	38.69	26
余姚市	52.81	15	70.28	4	74.95	8	51.28	14	40.03	25

续表

县(市、区)	规模效益	位次	自主创新	位次	结构调整	位次	两化融合	位次	绿色发展	位次
慈溪市	53.82	14	74.95	3	76.88	7	51.28	14	44.95	19
奉化市	27.36	88	47.27	17	46.68	45	51.28	14	34.05	38
鹿城区	27.69	85	28.92	62	29.68	77	44.72	47	46.82	17
龙湾区	44.23	35	32.32	52	36.35	62	44.72	47	33.34	41
瓯海区	29.52	79	31.58	58	32.38	71	44.72	47	51.40	11
洞头县	27.56	87	23.70	72	38.23	60	44.72	47	24.44	59
永嘉县	42.63	39	43.12	27	43.60	51	44.72	47	61.71	6
平阳县	31.37	77	17.94	79	25.26	82	44.72	47	29.76	46
苍南县	28.71	81	14.50	86	29.80	76	44.72	47	18.95	79
文成县	27.19	89	19.28	78	31.34	74	44.72	47	14.22	88
泰顺县	28.42	83	15.36	84	26.35	80	44.72	47	23.37	67
瑞安市	37.32	57	35.01	48	51.79	31	44.72	47	40.15	24
乐清市	46.42	29	40.35	35	96.17	1	44.72	47	62.15	5
南湖区	36.02	59	43.54	24	41.09	55	47.00	25	28.62	49
秀洲区	44.73	32	38.18	40	35.78	64	47.00	25	23.60	63
嘉善县	42.16	44	48.65	16	51.10	32	47.00	25	30.11	44
海盐县	64.47	6	41.25	31	63.37	16	47.00	25	33.49	40
海宁市	49.65	20	46.53	19	47.82	41	47.00	25	34.69	37
平湖市	54.53	13	31.89	55	55.12	28	47.00	25	32.77	42
桐乡市	44.43	34	41.03	32	47.96	40	47.00	25	28.58	50
吴兴区	41.49	45	50.23	13	34.52	66	44.67	58	22.90	70
南浔区	42.62	40	42.14	29	44.46	49	44.67	58	23.54	66
德清县	46.33	30	35.93	46	43.81	50	44.67	58	21.36	75

续表

县(市、区)	规模效益	位次	自主创新	位次	结构调整	位次	两化融合	位次	绿色发展	位次
长兴县	47.06	26	37.78	41	65.57	14	44.67	58	20.54	76
安吉县	42.42	41	39.68	37	37.83	61	44.67	58	22.96	68
越城区	39.09	51	30.02	60	39.22	59	45.17	32	24.05	61
绍兴县	67.52	5	38.64	38	48.10	38	45.17	32	34.01	39
新昌县	56.53	11	67.24	6	74.13	9	45.17	32	50.84	12
诸暨市	63.32	7	45.33	21	56.85	25	45.17	32	50.18	15
上虞市	60.74	9	63.85	8	84.50	3	45.17	32	35.15	32
嵊州市	35.19	63	44.28	22	48.83	37	45.17	32	35.25	31
婺城区	29.77	78	30.18	59	48.07	39	43.83	63	10.99	89
金东区	28.48	82	34.80	49	39.98	57	43.83	63	17.22	83
武义县	35.65	62	38.63	39	33.32	68	43.83	63	23.57	65
浦江县	39.49	49	47.06	18	26.44	79	43.83	63	26.43	56
磐安县	27.68	86	43.31	25	31.40	73	43.83	63	34.98	34
兰溪市	42.41	42	25.07	68	47.55	43	43.83	63	15.65	84
义乌市	46.86	27	39.76	36	24.72	83	43.83	63	32.28	43
东阳市	40.92	47	36.76	44	67.02	13	43.83	63	25.42	58
永康市	51.57	18	56.27	10	55.13	26	43.83	63	43.28	20
柯城区	28.20	84	17.19	81	43.40	52	38.28	76	22.62	72
衢江区	40.08	48	12.20	87	32.41	70	38.28	76	17.93	81
常山县	42.26	43	16.05	83	23.14	86	38.28	76	8.42	90
开化县	37.09	58	27.27	63	49.20	36	38.28	76	19.33	78
龙游县	49.83	19	20.00	76	22.22	87	38.28	76	15.03	86
江山市	52.00	17	24.35	70	53.05	30	38.28	76	15.39	85

县(市、区)	规模效益	位次	自主创新	位次	结构调整	位次	两化融合	位次	绿色发展	位次
定海区	37.91	53	26.82	65	59.00	22	43.61	72	27.62	52
普陀区	33.45	69	23.48	73	44.82	48	43.61	72	36.75	29
岱山县	52.09	16	16.55	82	50.81	33	43.61	72	41.29	23
嵊泗县	35.07	64	5.93	89	13.19	90	43.61	72	36.85	28
椒江区	38.51	52	44.23	23	63.27	17	44.83	38	23.86	62
黄岩区	37.46	56	35.78	47	54.65	29	44.83	38	28.02	51
路桥区	32.21	75	25.33	67	61.75	19	44.83	38	38.31	27
玉环县	42.65	38	50.48	12	49.44	35	44.83	38	45.27	18
三门县	31.48	76	24.16	71	47.25	44	44.83	38	17.91	82
天台县	35.93	61	32.06	53	50.69	34	44.83	38	20.31	77
仙居县	33.71	67	34.08	50	55.12	27	44.83	38	27.43	53
温岭市	43.94	37	37.66	42	60.97	21	44.83	38	52.46	10
临海市	41.12	46	36.68	45	57.51	24	44.83	38	27.24	54
莲都区	37.84	55	23.02	74	40.70	56	35.44	82	28.91	48
青田县	43.98	36	31.68	57	32.97	69	35.44	82	47.64	16
缙云县	47.07	25	31.86	56	36.26	63	35.44	82	34.77	36
遂昌县	33.30	72	17.78	80	41.55	54	35.44	82	21.70	74
松阳县	33.43	70	15.34	85	24.65	84	35.44	82	22.62	73
云和县	34.59	65	25.07	69	34.46	67	35.44	82	23.59	64
庆元县	34.36	66	29.72	61	16.28	89	35.44	82	42.89	22
景宁县	35.98	60	5.38	90	34.98	65	35.44	82	34.94	35
龙泉市	33.54	68	12.11	88	26.75	78	35.44	82	25.51	57

第六章　2012 年浙江省新型城市化进程综合评价分析

2012 年是实行完善后的新型城市化评价体系的第一年,根据完善后的综合评价指标体系,我们对 2010—2012 年度浙江省及 11 市的新型城市化发展进程进行了综合评价,评价结果如下。

一、全省综合评价

从整体情况看,2012 年度我省新型城市化综合评价得分为80.87 分,比 2010 年、2011 年分别提高 9.62 和 4.34 分。

新型城市化进程综合评价五大领域水平全面提升。经济高效、城市美丽、生活舒适、文化特色、社会和谐五大领域评价得分分别为 15.03、17.79、16.79、6.84 和 24.42 分,分别比 2010 年、2011年提高 1.72、1.05、3.66、1.27、1.91 分和 0.50、0.75、1.06、1.16、0.87 分,五大领域目标实现度分别为 71.6%、84.7%、80.0%、76.0%和 87.2%,分别比 2010 年、2011 年提高 2.9、3.6、5.1、12.9、3.1 个百分点和 8.2、5.0、17.5、14.1、6.8 个百分点。

从 2012 年参加评价的 27 项单项指标看,有 7 项指标实现度达到 90%以上;10 项指标实现度在 80%—90%之间;3 项指标的实现度在 70%—80%之间;4 项指标的实现度在 60%—70%之间;其余 3 项指标实现度相对较低,在 60%以下(详见表1)。

表 1   2012 年新型城市化进程综合评价情况

领域		指　标	得分	实现度
经济高效 (21)	1	人均 GDP	1.83	60.9
	2	单位建设用地二、三产业增加值	1.74	57.9
	3	劳动生产率	1.56	52.1
	4	第三产业增加值占 GDP 比重	2.71	90.5
	5	农村劳动力中从事非农产业的比重	2.49	83.0
	6	万元 GDP 电耗	2.59	86.4
	7	万元 GDP 用水量	2.11	78.0
城市美丽 (21)	8	环境质量综合评分	4.43	88.7
	9	人均公园绿地面积	3.27	81.7
	10	城市污水集中处理率	2.48	82.8
	11	城市生活垃圾无害化处理率	2.93	97.8
	12	行政村生活污水处理设施覆盖率	1.88	62.5
	13	农村垃圾收集处理率	2.79	93.0
生活舒适 (21)	14	农村有线电视入户率	2.73	78.1
	15	人均居住面积	3.25	92.8
	16	社区服务中心建成率	2.91	83.2
	17	每万人拥有医护人员数	2.68	76.5
	18	互联网使用率	2.89	82.7
	19	城乡公交一体化率	2.33	66.5
文化特色 (9)	20	名镇名村建设水平	——	——
	21	文化产业增加值占 GDP 比重	3.26	57.0
	22	每万人拥有公共文化设施面积	3.58	89.6
社会和谐 (28)	23	城乡居民养老保险覆盖率	3.34	83.5
	24	城乡居民医疗保险覆盖率	3.91	97.8

续表

领域		指　标	得分	实现度
社会和谐（28）	25	城镇住房保障实施户数比例	—	—
	26	城市化水平	5.27	87.8
	27	城乡居民收入差距倍数	5.56	92.7
	28	群众安全感满意率	3.92	97.9
	29	亿元 GDP 生产安全事故死亡率	2.43	60.7
综合		80.87		80.9

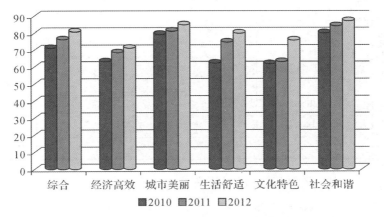

图 1　2010—2012 年全省五大领域目标实现度

（一）领域分析

1. 经济高效领域实现程度最低

经测算,2012 年,经济高效领域实现度为 71.6％,比上年提高 2.9 个百分点,但实现度仍是五大领域中最低的,并且实现度提高百分点也低于全省总体实现度提高的平均水平。经济的高效运行,不仅要考虑经济本身增长速度,更要我们在发展进程中注意资源的节约和合理利用。产业结构的优化、经济发展方式的转变,经济社会持续又好又快发展，必须注重资源对城市发展的基础和保障作用。因此，调整产业结构，加快经济转型升级，成为紧迫而重要的任务之一。

表 2   经济高效领域指标情况

指标名称		实际值			实现度（%）		
		2010 年	2011 年	2012 年	2010 年	2011 年	2012 年
经济高效	人均 GDP	51711	59249	63374	49.7	57.0	60.9
	单位建设用地实现二、三产业增加值	9.41	10.82	11.59	47.1	54.1	57.9
	劳动生产率	86315	97921	104118	43.2	49.0	52.1
	第三产业增加值占 GDP 比重	43.52	43.88	45.24	87.0	87.8	90.5
	农村劳动力中从事非农产业比重	73.30	79.20	74.70	81.4	88.0	83.0
	万元 GDP 电耗	1017.57	964.42	926.16	78.6	83.0	86.4
	万元 GDP 用水量	79.39	68.76	64.13	63.0	72.7	78.0
					63.4	68.7	71.6

2. 城市美丽领域实现度较高

2012 年，城市美丽领域实现度为 84.7%，比上年提高 3.6 个百分点，实现度较高但低于全省平均提高水平。城市环境是人类赖以生存和发展的基础。加强环境污染治理、保护生态环境，实现人与自然的和谐，是城市可持续发展的保障。2012 年，我省扎实推进生态保护，着力生态环境建设，城乡环境面貌有了一定的改善。6 项具体评价指标中行政村生活污水处理设施覆盖率实现度较低，为 62.5%，其余指标实现度均超过 80%。农村是环境保护和治理工作的重点和难点。

表 3　城市美丽领域指标情况

指标名称	实际值			实现度（％）		
	2010 年	2011 年	2012 年	2010 年	2011 年	2012 年
环境质量综合评分	5.15	5.20	5.32	85.8	86.7	88.7
人均公园绿地面积	11.02	11.62	12.26	73.5	77.5	81.7
城市污水集中处理率	76.06	79.99	82.83	76.1	80.0	82.8
城市生活垃圾无害化处理率	96.32	94.91	97.81	96.3	94.9	97.8
行政村生活污水处理设施覆盖率	45.90	55.40	62.50	45.8	55.4	62.5
农村垃圾收集处理率	86.00	90.00	93.00	86.0	90.0	93.0
				79.7	81.1	84.7

（城市美丽）

3. 生活舒适领域实现度居中

2012 年，生活舒适领域实现度达 80.0％，比上年提高 5.1 个百分点，提高幅度高于全省总实现度的平均水平。随着人民生活水平的不断提高，人们对居住条件、生活设施、交通状况、社区服务等有了更高的要求。

表 4　生活舒适领域指标情况

指标名称	实际值			实现度（％）		
	2010 年	2011 年	2012 年	2010 年	2011 年	2012 年
农村有线电视入户率	64.58	66.73	70.31	71.8	74.1	78.1
城镇居民人均住房建设面积	35.29	36.85	37.10	88.2	92.1	92.8
农村社区服务中心建设率	68.00	72.80	83.15	68.0	72.8	83.2
每万人拥有医护人员数	40.40	42.80	45.90	67.3	71.3	76.5
互联网使用率	18.06	70.43	78.54	19.0	74.1	82.7
城乡客运一体化率	48.60	52.00	53.20	60.8	65.0	66.5
				62.5	74.9	80.0

（生活舒适）

4. 文化特色领域实现度较低

2012 年,文化特色实现度为 76.0%,实现度较低。文化是民族的血脉,是人民的精神家园。全面建成小康社会,须加强历史文化保护,保存城市的记忆,保留历史的延续性,保护人类文明发展的脉络,注重保持和发扬文化特色。要更加注重强化历史文化保护规划,制定常态化的城市文化保护措施,建立并完善历史街区、古建筑的保护模式,妥善处理好新城扩建和旧城改造的关系,提高城市品位。

表 5   文化特色领域指标情况

指标名称		实际值			实现度(%)		
		2010 年	2011 年	2012 年	2010 年	2011 年	2012 年
文化特色	名镇名村建设水平	—	—	—	—	—	—
	文化及相关产业增加值占 GDP 比重	3.80	3.99	4.56	47.5	49.9	57.0
	每万人拥有公共文化体育设施建筑面积	17842	17716	22398	71.4	70.9	89.6
					61.9	63.1	76.0

5. 社会和谐领域实现度最高

2012 年,社会和谐领域实现度为 87.2%,实现度在五大领域中最高,较上年提高 3.1 个百分点。社会和谐是城市发展的理性选择,它的发展促进更加宽广的公平环境、诚信环境和管理环境,和谐的环境促使城市的各项社会资源效益达到最大化,推动城市文明的继续和发展。

表 6   社会和谐领域指标情况

指标名称		实际值			实现度(%)		
		2010 年	2011 年	2012 年	2010 年	2011 年	2012 年
社会和谐	养老保险参保率	71.47	78.00	83.47	71.5	78.0	83.5
	医疗保险参保率	96.41	97.51	97.80	96.4	97.5	97.8

续表

指标名称	实际值			实现度（%）		
	2010年	2011年	2012年	2010年	2011年	2012年
城镇住房保障实施户数比例	21.21	23.16	—	70.7	77.2	—
城市化水平	61.62	62.30	63.20	85.6	86.5	87.8
城乡居民收入差距倍数	2.42	2.37	2.37	90.9	92.9	92.7
群众安全感满意率	95.82	96.08	95.93	97.8	98.0	97.9
亿元GDP生产安全事故死亡率	0.22	0.18	0.16	44.6	54.7	60.7
				80.4	84.1	87.2

（左侧竖排：社会和谐）

（二）设区市分析

评价结果显示,2012年,全省11个设区市中新型城市化水平最高的是杭州市,最低的是丽水市,综合评价得分从高到低排序为杭州、宁波、舟山、嘉兴、绍兴、台州、温州、湖州、金华、衢州和丽水市。其中,杭州、宁波、舟山、嘉兴、绍兴市综合得分超过全省平均水平。

表7 2010—2012年设区市新型城市化综合评价得分

	2010年		2011年		2012年	
	得分	位次	得分	位次	得分	位次
全省	71.25	—	76.53	—	80.87	—
杭州	81.78	1	87.54	1	91.42	1
宁波	78.21	2	82.54	2	86.73	2
温州	65.34	10	71.30	9	78.06	7
嘉兴	72.46	6	76.77	5	81.85	4
湖州	76.19	4	75.89	6	77.93	8
绍兴	76.46	3	79.03	4	81.70	5

续表

	2010 年		2011 年		2012 年	
	得分	位次	得分	位次	得分	位次
金华	68.49	7	71.60	8	76.09	9
衢州	66.37	9	69.71	10	74.36	10
舟山	73.38	5	80.00	3	86.14	3
台州	68.74	8	73.16	7	79.01	6
丽水	62.74	11	64.57	11	72.25	11

杭州市综合评价得分为 91.42 分，是唯一得分超过 90 分的市，比上年提高 3.88 分，评价得分连续七年居全省首位。五大领域的评价得分均高于全省平均水平。宁波市综合评价得分为 86.73 分，比上年提高 4.19 分，评价得分连续七年在全省位列第二。"经济高效""城市美丽""生活舒适""文化特色"和"社会和谐"五大领域的实现度为 86.0%、78.9%、86.9%、77.5% 和 96.0%。温州市综合评价得分为 78.06 分，比上年提高 6.76 分，评价得分居全省第七，比上年提升两位。五大领域的实现度依次为 69.9%、78.4%、86.1%、55.6% 和 85.1%。嘉兴市综合评价得分为 81.85 分，比上年提高 5.08 分，评价得分位列全省第四，与上年相比上升一位。五大领域的实现度依次为 69.8%、83.9%、92.1%、62.6% 和 87.8%。湖州市综合评价得分为 77.93 分，比上年提高 2.04 分，评价得分居全省第八，比上年下降两位。五大领域的实现度依次为 62.8%、92.8%、78.8%、62.5% 和 82.4%。绍兴市综合评价得分为 81.70 分，比上年提高 2.67 分，评价得分位居全省第五，比上年下降一位。五大领域的实现度依次为 76.1%、81.7%、84.2%、64.1% 和 89.7%。金华市综合评价得分为 76.09 分，比上年提高 4.49 分，评价得分居全省第九，与上年相比下降一位。五大领域的实现度依次为 65.5%、80.0%、70.4%、83.0% 和 83.1%。衢州市综合评价得分为 74.36 分，比上年提高

4.65分,评价得分居全省第十,位次与上年一致。五大领域的实现度依次为52.3%、88.7%、77.4%、65.3%和80.8%。舟山市综合评价得分为86.14分,比上年下降6.14分,评价得分居全省第三位,位次与上年一致。五大领域的实现度依次为83.2%、91.1%、82.0%、73.3%和91.8%。台州市综合评价得分为79.01分,比上年提高5.85分,评价得分居第六位,比上年上升一位。五大领域的实现度依次为68.5%、83.6%、80.3%、76.0%和83.5%。丽水市综合评价得分为72.25分,比上年提高7.68分,评价得分全省居后。五大领域的实现度依次为58.0%、86.3%、71.5%、58.3%和77.5%。

二、进一步推动新型城市化建设需考虑的几个方面

我省新型城市化建设取得了很大的进展,但尚有一些薄弱环节。诸如,区域之间发展还不平衡,城乡之间差距还较大,城市建设和管理还不完善,等等。为进一步推进新型城市化发展,根据我省现实条件,同时兼顾不同地区之间的差异,我们认为,应从以下几方面进行考虑。

(一)城市之间需坚持大中小城市与小城镇协调发展

坚持大中小城市和小城镇协调发展,把以现有的大中小城市为载体吸纳农村人口的异地城市化和以小城镇为载体的农村就地城镇化结合起来,发挥各自的特色。倡导城市(镇)由发散式、孤立式发展转向并联式、组团式发展,形成网络群。不管是发展大中城市、中小城市,或是小城镇,各地要因地制宜,选择时有所侧重,突出特色,明确定位,要搞好规划布局和综合配套,形成合理完善的城镇体系,发挥协调功能。既要充分发挥大中城市的辐射效应和龙头作用,又要注重发挥以农村经济社会发展为基础的小城镇的互补作用和联动效应。

（二）城乡之间需统筹城乡一体化发展

新型城市化的核心在于不以牺牲农村与农民、农业和粮食、生态和环境为代价，而是立足工业反哺农业、城市支持农村、财政补贴农民，实现城乡一体化发展。

一要夯实城乡一体化的运行体系。要从便于提供基本公共服务、方便城乡居民出行和生产角度，确定社区、街道与行政村的数量和规模。坚持以人为本，保障城乡居民发展权和改善城乡居民生活质量，确保人与社会关系的和谐。

二要构建城乡一体化的社会保障体系。完善社会保障制度建设，由与民争利向为民谋利转变。统筹城乡社会保障制度，拓宽社会保障覆盖范围。从政策上逐渐淡化城镇偏向，淡化城镇居民的特殊待遇，同步增加农村居民的公共服务保障能力。

三要推进城乡一体化的整体合力。一是工业化拉动城乡一体化。紧紧抓住当前节能减排和发展循环经济、低碳经济的历史性机遇，立足区域比较优势，加快产业结构调整，积极发展带动性强、示范作用明显的地方特色工业，增强统筹城乡发展的能力，提高城市支持农村、工业反哺农业的力度。二是以双轮驱动带动城乡一体化。坚持城镇化与新农村建设并重，加快中小城市、建制镇和农村中心集镇建设，发挥其承接城市，带动乡村的桥梁纽带作用。三是以信息化促进城乡一体化。信息化的发展使得城乡之间的信息传递更加便捷，城乡之间的联系更加密切，也使城乡土地、劳动力、资本、信息技术等生产要素在城乡地域范围内得到合理的配置。四是提升现代农业促进城乡一体化。积极制定保障农民权益的政策措施，推动农村集体土地有序流转，促进规模化经营。积极培育特色支柱产业，发展农业产业化经营，推进工农结合、城乡对接，一体化发展。

（三）城市内部需注重建设和管理的协调

要解决好城市建设与管理一条腿长、一条腿短的问题，加快实现"从建设为主向建管并重的转变"。在城市建设方面,需注重外表与细节的统一。城市需要美丽的外表,但更要注重内在的细节。目前,许多城市的建设侧重于注重外表,忽略了内在细节:许多大中城市都有高高的楼房、宽敞的马路、精致的大广场,但一下暴雨,马上"水淹七军";天晴,又是灰尘满天、遮天蔽日;大街上干干净净,背街小巷垃圾成堆;交通有规则没秩序等。城市在打造"人文城市""宜居城市"等方面的同时,需进行"亮化""美化"和"扩建",但还需注意的是马路是不是经常"开膛破肚",有多少无障碍通道,下水道能承受多大暴雨的袭击等这些细节。在城市管理方面,面对经济快速发展、人口结构变化、环境保护任务加重等因素造成的许多深层次问题,大胆推出综合整治管理城市的创新举措,利用科技进步和现代管理手段,加快实现传统管理向现代化管理的转变;更加人性化地在细节上做足文章,加快实现城市管理从粗放型向精细型转变;积极探索建立相应的城市管理制度和法律体系,加快实现城市管理从突击性的整治向靠长效机制管理转变;动员全体人民参与城市管理活动,推进城市管理从政府单一主体向多元主体转变。

社科处　许明娟

附录

附表 1   2012 年 11 市新型城市化评价结果

	综合评价		经济高效		城市美丽		生活舒适		文化特色		社会和谐	
	得分	位次	得分	位次	得分	位次	得分	位次	得分	位次	得分	位次
全省	80.87	—	15.03	—	17.79	—	16.79	—	6.84	—	24.42	—
杭州	91.42	1	17.70	2	19.26	1	19.29	2	7.92	1	27.25	1
宁波	86.73	2	18.07	1	16.57	10	18.25	3	6.97	3	26.87	2
温州	78.06	7	14.68	5	16.46	11	18.08	4	5.01	11	23.83	5
嘉兴	81.85	4	14.66	6	17.63	6	19.34	1	5.64	8	24.58	4
湖州	77.93	8	13.18	9	19.49	1	16.55	8	5.63	9	23.08	9
绍兴	81.70	5	15.98	4	17.16	8	17.69	5	5.77	7	25.11	4
金华	76.09	9	13.75	8	16.81	9	14.79	11	7.47	2	23.27	8
衢州	74.36	10	10.99	11	18.63	4	16.25	10	5.88	6	22.61	10
舟山	86.14	3	17.47	3	19.14	2	17.22	6	6.60	5	25.71	3
台州	79.01	6	14.39	7	17.55	7	16.87	7	6.84	4	23.37	7
丽水	72.25	11	12.17	10	18.12	5	15.01	10	5.25	10	21.69	11

附表 2   2011 年 11 市新型城市化评价结果

	综合评价		经济高效		城市美丽		生活舒适		文化特色		社会和谐	
	得分	位次	得分	位次	得分	位次	得分	位次	得分	位次	得分	位次
全省	76.53	—	14.53	—	17.04	—	15.73	—	5.68	—	23.55	—
杭州	87.54	1	17.11	3	18.90	3	18.09	2	7.50	1	25.95	2
宁波	82.54	2	17.73	1	16.06	10	16.63	5	5.46	4	26.66	1
温州	71.30	9	14.31	5	13.56	11	17.19	3	4.57	11	21.67	7
嘉兴	76.77	5	14.11	7	17.08	6	18.30	1	5.11	7	22.18	5
湖州	75.89	6	12.60	9	19.17	1	15.85	7	4.99	8	23.28	4
绍兴	79.03	4	15.18	4	16.73	8	16.82	4	5.55	3	24.75	3
金华	71.60	8	13.08	8	16.49	9	13.99	10	7.21	2	20.82	8
衢州	69.71	10	10.97	11	17.60	4	15.36	9	5.17	5	20.61	10
舟山	80.00	3	17.44	2	19.02	2	16.25	6	4.76	9	22.53	5
台州	73.16	7	14.17	6	16.82	7	15.73	8	5.12	6	21.32	3
丽水	64.57	11	11.76	10	17.37	5	12.11	11	4.74	10	18.59	11

附表 3 2010 年 11 市新型城市化评价结果

	综合评价		经济高效		城市美丽		生活舒适		文化特色		社会和谐	
	得分	位次	得分	位次	得分	位次	得分	位次	得分	位次	得分	位次
全省	71.25	—	13.31	—	16.74	—	13.13	—	5.57	—	22.51	—
杭州	81.78	1	15.79	3	18.66	3	14.52	3	7.78	1	25.03	2
宁波	79.21	2	16.61	1	16.62	8	13.50	7	6.74	6	25.73	1
温州	65.34	10	12.64	7	13.64	11	13.55	6	4.81	11	20.71	7
嘉兴	72.46	6	12.85	6	17.17	5	15.25	2	5.76	7	21.42	6
湖州	76.19	4	11.45	9	19.50	1	15.40	1	6.97	5	22.88	4
绍兴	76.46	3	13.61	4	17.28	4	14.38	4	7.37	3	23.82	3
金华	68.49	8	11.94	8	15.58	10	13.70	5	7.12	3	20.15	9
衢州	66.37	9	9.80	11	16.63	7	13.27	8	7.09	4	19.58	10
舟山	73.38	5	16.03	2	19.25	2	11.13	11	5.42	10	21.55	5
台州	68.74	7	13.29	5	16.62	9	12.95	9	5.52	9	20.37	8
丽水	62.74	11	10.53	10	17.02	6	12.08	10	5.76	8	17.35	11

第七章   2013 年浙江省信息化发展指数(Ⅱ)研究报告

21 世纪以来,世界迈入信息社会的步伐加快。信息技术正以其广泛的渗透性和无与伦比的先进性与传统产业结合,信息产业已发展为世界范围内的朝阳产业和新的经济增长点,信息化发展水平已成为衡量国家或地区综合国力和国际竞争力的重要标志。"十二五"时期,全面推进浙江国民经济和社会发展信息化,是贯彻落实科学发展观,深入实施"八八战略"和"创业富民、创新强省"总战略的重大举措,也是全面建设惠及全省人民的小康社会,加快转变经济发展方式的必然要求。

为贯彻落实《浙江省国民经济和社会信息化发展"十二五"规划》,及时反映浙江信息化的发展情况,全面评价全省及各市、县(市、区)信息化发展进程,为浙江工业强县(市、区)综合评价提供信息化指数,省统计局组织开展了 2011 和 2012 年度全省信息化发展水平测评工作。我们在对"十一五"时期浙江省地区信息化发展指数(IDI)指标体系进行修订完善的基础上,建立了一套适合省、市、县三级评价的指标体系(以下称为浙江省信息化发展指数(Ⅱ)指标体系),并对全省 11 个设区市、90 个县(市、区)分两个层次进行了测算和评判。现将研究成果形成报告,供参考。

一、浙江省信息化发展指数(Ⅱ)指标体系

(一)指导思想

深入贯彻落实科学发展观,紧紧围绕全省"八八战略"和"创业

富民、创新强省"总战略,以转变经济发展方式为主线,以富民强省、社会和谐为根本目的,准确把握我省及各市、县(市、区)信息化发展水平和进程,为"十二五"时期信息化发展提供科学的、量化的依据。我们试图用统计综合评价的方法,对浙江信息化发展进行描述、监测和评价,并通过相关指标的比较分析,对浙江区域信息化发展进行定量测算和分析评判,为进一步推进我省国民经济和社会信息化发展提供相关对策建议。

(二)指标设置原则

1. 科学性原则

从信息及信息化的基本理论与定义出发,选取能准确反映信息化发展规律和发展水平的指标。要求指标既能规范、准确、系统,符合统计指标的一般要求,又能切实反映我省信息化发展的特点、内在关系和变动趋势。

2. 完整性原则

选取的指标既能反映信息化发展总体水平,又能反映信息化发展的各个方面(各要素),以便分析比较信息化进程中取得的成绩和存在的问题。指标代表性强,采用尽可能少的指标反映信息化发展水平。

3. 可操作性原则

在考虑具有科学性的基础上,要求选取的指标不仅能够客观地反映发展进程,而且能够获取到完整、准确的数据;不仅能取得2011 和 2012 年度全省的数据,而且能够取得各设区市和各县(市、区)的数据,使得量化的评价与监测工作能够顺利进行。

4. 导向性原则

指标体系借鉴了国家统计局相关信息化发展指数的研究成果,并结合浙江的实际情况。我省在信息化"十二五"规划实施过程中,致力于引导各地不仅要重视信息化基础设施的建设,而且要重视信息化应用和效果,推动经济结构调整和经济发展方式转变,实现信息化与工业化的加速融合;同时通过信息化指数排序比较,发现存在的问题,引导各地积极研究对策,缩小不同地区之间、县域之间的数字鸿沟。

(三)指标体系及修订内容

与"十一五"时期浙江省地区信息化发展指数(IDI)相比,修订后的浙江省信息化发展指数(Ⅱ)指标体系由 5 个分类指数和 15 个指标构成。具体如下:

1. 基础设施

基础设施是信息化发展的基本物质条件。由 3 个指标构成。我们选取电话拥有率反映电话普及应用水平,用电视机拥有率反映电视业务网络化应用水平,用计算机拥有率主要反映台式和便携式计算机应用水平。通过对电信网、计算机网和电视网三大网络产业的监测,反映三网融合的基础设施状况和水平。

2. 产业技术

产业技术直接反映了信息化的进程,也影响到社会公众是否能够享受到高质量的信息化成果。由 2 个指标构成,保留了人均电信业务收入指标,将每百万人口发明专利申请量更改为每百万人口发明专利授权量,以反映电信业产出水平和科技创新对信息技术的贡献。

3. 应用消费

应用消费反映了信息技术在人们日常工作生活中的应用水平。由 3 个指标构成,除保留了互联网宽带普及率、城乡居民人均信息消费支出 2 项指标外,增加了政府门户网站综合应用水平(反映政府对社会提供网上办事服务水平),从政府、社会和公众不同角度对信息化应用水平进行监测。

4. 知识支撑

知识水平是人们应用信息通信技术的必要条件,知识水平越高,应用信息通信技术的技能亦越高。由 4 个指标构成,除保留平均受教育年限、成人识字率和人均财政性教育经费支出3个指标外，将高等教育毛入学率更改为每万人口15年义务教育在校学生数，使各县（市、区）的教育状况数据能够取得并反映平均教育水平。

5. 发展效果

由3个指标构成，从宏观角度衡量信息化的发展环境、支撑因素及发展效果。我们仍选用信息制造业增加值占规上工业增加值的比重来反映工业经济结构优化程度以及对信息化发展的贡献，用R&D经费支出占GDP的比重来反映信息化发展的科技支持水平，用人均GDP指标来反映经济发展实力。

表1　浙江省信息化发展指数（Ⅱ）指标体系

总指数	分类指数	指标	单位	分类权重	指标权重
信息化发展指数	基础设施	1. 电话拥有率	部/百人	21	7
		2. 电视机拥有率	台/百户		7
		3. 计算机拥有率	台/百户		7
	产业技术	4. 人均电信业务收入	元/人	20	10
		5. 每百万人发明专利授权量	项/百万人		10
	应用消费	6. 互联网宽带普及率	户/百人	21	7
		7. 政府门户网站综合应用水平	次/万人		7
		8. 城乡居民人均信息消费支出	元/人		7
	知识支撑	9. 平均受教育年限	年/人	20	5
		10. 成人识字率	%		5
		11. 每万人口15年义务教育在校学生数	人/万人		5
		12. 人均财政性教育经费支出	元/人		5
	发展效果	13. 信息制造业增加值占规上工业增加值的比重	%	18	6
		14. R&D经费支出占GDP的比重	%		6
		15. 人均GDP	元/人		6

（四）计算方法

信息化发展指数的计算分为三个步骤：首先对每个具体指标进行标准化计算；其次采用简单线性加权的方法，分别计算出各个分类指数；最后通过各个分类指数加权计算出总指数。

具体计算公式如下：

$$IDI = \sum_{i=1}^{n} W_i \left(\sum_{j=1}^{m} W_{ij} P_{ij} \right)$$

其中，IDI 为地区信息化发展指数的数值，n 为信息化发展指数分类的个数，m 表示信息化应用水平第 i 类指数的指标个数。W_i 为第 i 类指数在总指数中的权重，且 $\sum_{i=1} W_i = 1$。P_{ij} 为第 i 类的第 j 项指标标准化后的值。W_{ij} 为第 j 个指标在第 i 类指数中的权重，且 $\sum_{j=1} W_{ij} = 1$。

在对各指标计算前，需要对各指标数据进行标准化处理，消除各指标的量纲，使其能够进行相加计算。具体步骤如下：

1. 确定指标数据阈值

每个指标的阈值包括最大阈值和最小阈值。为了便于在较长的时期内对区域信息化发展水平进行持续、统一的监测，对每个指标的这两种阈值均采用固定数值，其大小依据各个指标在 2005—2015 年的观测值和预测值以及其他相关因素确定。

2. 标准化计算

对指标进行标准化计算，可以使量纲不同的各类指标值转化为可以直接进行相加计算的数值。标准化计算分两种情况：

（1）一般标准化计算方法。如果各地区之间指标数值分布均匀，则采用如下一般标准化公式计算：

$$Z_i = \frac{X_i - X_{\min}}{X_{\max} - X_{\min}}$$

（2）对数标准化计算方法。如果各地区之间指标数值差别较大，则采用取对数的标准化计算方法，以尽力消除指标数据差别较

六带来的不利影响,其计算公式如下:

$$Z_i = \frac{\lg X_i - \lg X_{\min}}{\lg X_{\max} - \lg X_{\min}}$$

其中,X_i为指标值,$X_{\min}$为最小阈值,$X_{\max}$为最大阈值。

3. 确定权重

指标权重基本采用平均赋权法。对前四个分类指数,兼顾每个指数所包括的指标个数,为方便计算,分类指数权重确定为20%或21%;适当降低发展效果指数的权重,确定为18%;各分类指数内各个指标都采取平均赋值权重。

由于各县(市、区)的基础数据比全省和各设区市离散程度大,为使"十二五"与"十一五"信息化发展指数具有可比性,某些指标的阈值选取可能偏小。有些指标分县数据并不全部密集地分布在某个特定的区域,存在少量数据出现异常的偏大现象。为了更好地测度大多数区域的特征,最大阈值的选取主要依据那些大部分不异常数据的特征而定,致使有些地区受基础数据的影响,计算的分类指数和信息化总指数超过1。

二、全省信息化发展指数(Ⅱ)总体评价

(一)全省信息化水平不断提高

2012年,全省深入贯彻落实科学发展观,紧紧围绕"八八战略"和"创业富民、创新强省"总战略,以转变经济发展方式为主线,以富民强省、社会和谐为根本目的,围绕"智慧浙江"建设,大力推进信息化和工业化深度融合,扎实开展产业集群"两化"深度融合服务年活动,全面建设"数字浙江",深入推动信息技术在经济社会各领域的应用,全省信息化水平和信息产业的综合实力不断提高。

经测算,2012年全省信息化发展指数(Ⅱ)为0.862,比2011年提高0.029(见表2),其中基础设施、产业技术、应用消费、知识支撑和

发展效果五项分类指数分别达到 0.768、0.997、0.832、0.917 和 0.798，比 2011 年分别提高 0.016、0.027、0.057、0.003 和 0.043。

表 2　浙江省信息化发展指数（Ⅱ）与分类指数比较

	基础设施	产业技术	应用消费	知识支撑	发展效果	总指数
2011 年	0.752	0.970	0.775	0.914	0.755	0.8□3
2012 年	0.768	0.997	0.832	0.917	0.798	0.8□2

另据 2011 年度中国信息化发展指数的测算结果，2011 年浙江信息化发展指数为 0.828（由于浙江省信息化指标体系和评价方法与全国有所不同，测算的全省信息化发展指数值与国家方案略有区别），比全国平均指数高 0.096，在全国 31 个省（区、市）中仅次于北京（1.077）、上海（0.982）、天津（0.857），位居第四，呈现平稳增长的态势。按照《浙江省国民经济和社会信息化发展"十二五"规划》要求，到"十二五"期末，浙江省信息化发展总指数达到 0.80，完成规划目标已成定局。

（二）各分类指数发展的特点

2012 年，我省信息化发展指数（Ⅱ）中，五个分类指数值均呈上升的态势。其中产业技术、知识支撑两项分类指数高于总指数，基础设施、应用消费、发展效果三项分类指数低于总指数。主要特点有：

1. 信息技术不断提高，知识支撑作用增强

随着互联网普及程度和信息产业发展水平的提高，信息产业的宏观环境及技术层面都得到了长足发展。2012 年产业技术指数达 0.997，在五个分类指数中最高。2012 年，全省完成电信业务收入 749.51 亿元，发明专利授权量达 18.9 万项，比上年分别增长 4.6%、44.7%；人均电信业务收入、每百万人发明专利授权量分别由 2□1 年的 1312 元、2383 项增加到 2012 年的 1368 元、3446 项。2012 年知识支撑指数达 0.917，在五个分类指数中处于第二位。2012 年，各级政府继续加大教育财政投入力度，全省财政性教育经费支出 877.36

亿元,比上年增长 16.8%;人均财政性教育经费支出由 2011 年的 1375 元增加到 2012 年的 1603 元。随着十五年教育的基本普及,义务教育中小学校数和在校学生数有所减少,但义务教育的均衡发展得到强化。2012 年,十五年教育普及率达到 97.9%,全省每万人口拥有 15 年义务教育在校学生数达到 1740 人,比上年减少 21 人。

2. 信息发展效果良好,应用消费日趋广泛

随着全省经济的稳步发展,互联网用户数快速增加,电子政务发展迅速,城乡居民用于信息消费的支出不断增加。2012 年,应用消费指数达到 0.832。2012 年,全省互联网用户数达到 5887 万户,其中固定互联网宽带接入用户达到 1153 万户,分别比上年增长 19.1% 和 13.0%。全省已建成了统一的电子政务网络,省市县三级政府网站开通率达 100%,电子政务在改善公共服务、加强社会管理、强化综合监管、完善宏观调控等方面发挥了重要作用。2012 年,浙江省政府网站群页面浏览量总数达 8.6 亿,其中省级部门网站群、市政府网站群、县(市、区)政府网站群的累计页面浏览量分别达 2.9 亿、1.4 亿、4.3 亿。2012 年网站群访问总人数为 1.3 亿,日均访问人数达 36 万余人。2012 年我省城乡居民人均信息消费支出分别为 4082 元和 1159 元,比上年分别增长 6.9% 和 8.4%,占城乡居民人均生活消费支出的比重分别达 18.9% 和 11.4%,比上年分别提高 0.2 和 0.3 个百分点。2012 年,信息化发展效果指数达到 0.798。2012 年,全省规模以上工业企业信息制造业增加值占规上工业增加值比重达 9.90%,同比提高 0.05 个百分点;R&D 经费支出相当于生产总值的比重达 2.08%,同比提高 0.16 个百分点;人均 GDP 为 63266 元,同比增长 7.7%。

3. 基础建设扎实推进,服务能力不断提升

随着三网建设步伐的加快,全省已建成了广播电视并重,农村城市并举,无线、有线、卫星、微波等多种技术手段并用的广播电视网络覆盖体系,城乡有线电视联网率达到 99% 以上,居全国各省区第一。2012 年,全省基础设施指数达到 0.768。近年来,由于移动电话普及率的快速提高和各种新信息技术的普及,移动通信持续快速发展,固定电话被替代的趋势逐渐增强。2012 年,全省电话用户总数达 8325 万户,比上年增加 621 万户,其中固定电话用户 1882 万户,比上年减少 66 万户,移动电话用户 6443 万户,比上年增加 687 万户。2012 年,固定电话普及率由上年的 35.6 线/百人降低到 34.2 线/百人,移动电话普及率由上年的 105.2 部/百人提高到 117.2 部/百人。2012 年全省城镇居民家庭平均每百户拥有固定电话 79.9 部,移动电话 210.1 部,电视机 186.6 台,计算机 106.4 台;农村居民家庭平均每百户拥有固定电话 76.3 部,移动电话 211.5 部,电视机 171.7 台,计算机 47.8 台。城乡居民电话、电视机拥有量基本接近,但计算机拥有量仍存在较大差距。

三、设区市信息化发展指数(Ⅱ)综合评价

(一)各市信息化发展水平的聚类分析

2012 年,全省设区市信息化发展指数(Ⅱ)从高到低的顺序依次为杭州、宁波、嘉兴、绍兴、金华、湖州、舟山、温州、台州、丽水、衢州。与 2011 年相比,信息化发展水平进一步提高(见图 1)。

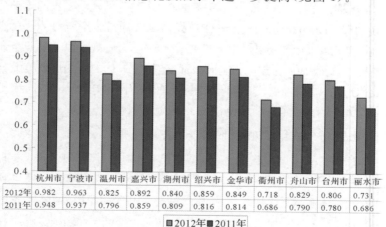

	杭州市	宁波市	温州市	嘉兴市	湖州市	绍兴市	金华市	衢州市	舟山市	台州市	丽水市
2012年	0.982	0.963	0.825	0.892	0.840	0.859	0.849	0.718	0.829	0.806	0.731
2011年	0.948	0.937	0.796	0.859	0.809	0.816	0.814	0.686	0.790	0.780	0.686

■2012年 ■2011年

图 1　2011—2012 年各市信息化发展指数(Ⅱ)

　　根据 2012 年信息化发展指数(Ⅱ)的测算结果,可将各市划分为三类地区(见表 3)。

表 3　2012 年全省分三类地区信息化发展指数(Ⅱ)比较

	基础设施	产业技术	应用消费	知识支撑	发展效果	总指数
全　省	0.768	0.997	0.832	0.917	0.798	0.862
第一类地区						
杭州市	0.831	1.035	0.987	0.957	1.121	0.982
宁波市	0.803	1.057	1.009	0.956	0.997	0.963
第二类地区						
嘉兴市	0.851	0.995	0.874	0.898	0.838	0.892
绍兴市	0.777	0.962	0.901	0.918	0.728	0.859
金华市	0.771	0.991	0.873	0.936	0.659	0.849
湖州市	0.762	0.981	0.781	0.881	0.798	0.840
舟山市	0.801	0.911	0.923	0.862	0.624	0.829
温州市	0.808	0.955	0.901	0.888	0.544	0.825
台州市	0.801	0.954	0.799	0.889	0.561	0.806
第三类地区						
丽水市	0.663	0.914	0.702	0.866	0.493	0.731
衢州市	0.623	0.899	0.674	0.858	0.526	0.718

　　第一类地区(信息化发展较高水平地区):包括杭州和宁波共 2 个市。这类地区 2012 年信息化发展指数超过 0.960,平均达到 0.973,相当于全省平均水平的 1.13 倍。

　　第二类地区(信息化发展中等水平地区):包括嘉兴、绍兴、金华、湖州、舟山、温州、台州共 7 个市。这类地区 2012 年信息化发展指数介于 0.800—0.900 之间,平均达到 0.843,相当于全省平均水平的 97.8% 和第一类地区的 86.6%。

　　第三类地区(信息化发展较低水平地区):包括丽水、衢州共 2

个市。这类地区 2012 年信息化发展指数低于 0.740,平均达到 0.725,相当于全省平均水平的 84.1% 和第一类地区的 74.5%。

(二)信息化发展水平不平衡,地区间存在较大差距

测度结果显示,我省整体信息化水平不断提高,但地区间发展仍不均衡,各地区信息化发展现状存在较大差距。

1. 从基础设施指数看,2012 年杭州市信息化基础设施指数最高,达到 0.831,与最低的衢州市相比,差距为 0.208

在二级指标中,2012 年杭州市每百人电话拥有率达到 195.9 部,其中固定电话 39.8 部,移动电话 156.1 部,而衢州市每百人电话拥有率为 122.6 部,其中固定电话 24.5 部,移动电话 98.1 部。2012 年,杭州市城乡居民每百户电视机拥有率分别达 184 台和 211 台,衢州市分别为 165 台和 128 台;杭州市城乡居民每百户计算机拥有率分别达 110 台和 60 台,衢州市分别为 89 台和 26 台。信息化基础设施建设在地区间、城乡间存在较大差距。

2. 从产业技术指数看,2012 年宁波市产业技术指数最高,达到 1.057,比最低的衢州市高 0.158

在二级指标中,2012 年杭州市、宁波市电信业务收入分别达 159.73 亿、116.04 亿元,排名末两位的舟山市、衢州市分别为 15.16 亿、14.50 亿元,杭州市人均电信业务收入达 1815 元,为衢州市的 2.7 倍;2012 年宁波市发明专利授权量达 59175 件,比杭州多 18524 件,衢州市、舟山市分别为 3208 和 1096 件,宁波市每百万人发明专利授权量达 7746 件,分别为衢州市、舟山市的 5.1、8.1 倍。

3. 从应用消费指数看,2012 年宁波市应用消费指数最高,达到 1.009,比最低的衢州市高 0.335,在五类指数中差距较大

在二级指标中,2012 年宁波市、杭州市每百人互联网宽带用户分别达 30.3、28.6,排名末两位的丽水市、衢州市平均每百人互联网宽带用户分别为 17.8 和 16.9;2012 年每万人政府网站页面

浏览量杭州为 32544 次,金华最低为 9796 次。2012 年宁波市城乡居民家庭信息消费支出分别为 4283 和 1402 元,分别为衢州市的 1.6 和 1.7 倍。

4. 从知识支撑指数看,2012 年杭州市知识支撑指数最高,达到 0.957,与最低的衢州市相比,差距为 0.099

第六次人口普查资料显示,各市常住人口中,杭州市平均受教育年限最长,为 9.41 年/人,温州、衢州、台州、丽水较低,分别为 7.79、7.56、7.51、7.50 年/人;各市成人识字率基本在 91%—97% 之间,最高的绍兴、杭州二市分别为 96.80% 和 96.27%,最低的温州、衢州、台州、丽水分别为 92.94%、91.03%、91.96% 和 91.87%。2012 年宁波市、杭州市每万人口拥有 15 年义务教育在校学生数分别为 1960、1696 人,舟山市最低为 1199 人;2012 年宁波市、杭州市的人均财政性教育经费支出分别达 1855 和 1670 元,而湖州、台州和温州分别为 1277、1232 和 1132 元,居全省末三位。

5. 从发展效果指数看,2012 年杭州市发展效果指数最高,达到 1.121,而最低的丽水市仅为 0.493,差距为 0.628,在五类指数中差距最大

2012 年在规模以上工业企业中,杭州市信息制造业增加值所占比重最高,为 13.88%,宁波市次之,为 13.36%,绍兴、舟山市最低,仅为 3.06%、1.01%;2012 年杭州、嘉兴市的 R&D 经费支出占 GDP 比重分别达 2.92%、2.35%,在全省居领先地位,而衢州、丽水市均仅为 1.03%;2012 年杭州、宁波市人均 GDP 分别为 88962、86228 元,但衢州、丽水、温州分别仅为 45861、42244、40103 元。

四、县(市、区)信息化发展指数(Ⅱ)综合评价

根据浙江省信息化发展指数(Ⅱ)综合评价体系,我们对 2011、2012 年全省 90 个县(市、区)进行了一系列指标的收集、整理和测算。主要评价结果如下:

（一）各县（市、区）信息化发展水平的聚类分析

2012 年，90 个县（市、区）中，信息化发展指数超过 1 的有滨工区、西湖区、江北区、北仑区、海曙区和江东区 6 个县（市、区），信息化发展指数在 0.9—1 之间的有 20 个县（市、区），在 0.8—0.9 之间的有 32 个县（市、区），在 0.7—0.8 之间的有 22 个县（市、区），在 0.7 以下的有 10 个县（市、区），分别占 6.7%、22.2%、35.6%、24.4% 和 11.1%。

表 4   2012 年 90 个县（市、区）信息化发展指数（Ⅱ）比较

总指数	县（市、区）数量		
	2011 年	2012 年	2012 年较 2011 年
超过 1	3	6	增加 3 个
在 0.9—1 之间	14	20	增加 6 个
在 0.8—0.9 之间	33	32	减少 1 个
在 0.7—0.8 之间	22	22	不变
在 0.7 以下	18	10	减少 8 个

按照 2011 年规模以上工业产值总量，我们将 90 个县（市、区）划分为四类观察（详见附表 2）：

第一类地区（工业产值 1000 亿元以上）：共 14 个县（市、区）。2012 年信息化发展指数平均值为 0.926，比全省平均水平高 0.064，其中基础设施指数 0.823，产业技术指数 1.011，应用消费指数 0.933，知识支撑指数 0.941，发展效果指数 0.926。2012 年第一类县（市、区）信息化发展总指数居前 10 位的是北仑区、慈溪市、鄞州区、余姚市、镇海区、余杭区、萧山区、绍兴县、海宁市、富阳市。与 2011 年相比，有 3 个县（市、区）排名有所上升，分别是余姚市、绍兴县、上虞市。

第二类地区（工业产值 500 亿—1000 亿元）：共 18 个县（市、区）。2012 年信息化发展指数平均值为 0.916，比全省平均水平高

0.054,其中基础设施指数 0.817,产业技术指数 0.989,应用消费指数 0.930,知识支撑指数 0.911,发展效果指数 0.943。2012 年,第二类县(市、区)信息化发展总指数居前 10 位的是滨江区、上城区、南湖区、义乌市、拱墅区、临安市、嘉善县、永康市、南浔区、平湖市。与 2011 年相比,有 5 个县(市、区)排名有所上升,分别是义乌市、永康市、南浔区、秀洲区、长兴县。

第三类地区(工业产值 100 亿—500 亿元):共 43 个县(市、区)。2012 年信息化发展指数平均值为 0.826,比全省平均水平低 0.036,其中基础设施指数 0.753,产业技术指数 0.952,应用消费指数 0.884,知识支撑指数 0.899,发展效果指数 0.624。2012 年,第三类县(市、区)信息化发展总指数居前 10 位的是西湖区、江北区、海曙区、江东区、江干区、东阳市、椒江区、龙湾区、越城区、吴兴区。与 2011 年相比,有 14 个县(市、区)排名有所上升,分别是椒江区、越城区、吴兴区、瓯海区、象山县、黄岩区、宁海县、普陀区、安吉县、浦江县、缙云县、平阳县、遂昌县、青田县。

第四类地区(工业产值 100 亿元以下):共 15 个县(市、区)。2012 年信息化发展指数平均值为 0.729,比全省平均水平低 0.133,其中基础设施指数 0.673,产业技术指数 0.903,应用消费指数 0.743,知识支撑指数 0.845,发展效果指数 0.455。与前三类相比,发展效果指数、基础设施指数、应用消费指数明显偏低。2012 年,第四类县(市、区)信息化发展总指数居后的是衢江区、庆元县、泰顺县、常山县、文成县。与 2011 年相比,有 3 个县(市、区)排名有所上升,分别是开化县、衢江区、泰顺县。

(二)信息化发展水平不平衡,县域之间存在数字鸿沟

1. 部分县(市、区)信息化发展水平还较低

从信息化综合评价看,目前还存在部分县(市、区)信息化发展水平过低,县(市、区)之间差距过大,部分县(市、区)信息化水平排名比上年有所下降等问题。2012 年,信息化发展指数低于全省平均水平的县(市、区)总数有 52 个,占比为 57.7%;信息化发展指

数低于 0.7 的县(市、区)有 10 个,占比为 11.1%,其中得分最低的三个县(市、区)信息化发展指数仅为 0.6 左右,泰顺县、常山县、文成县信息化指数仅相当于排名第一的滨江区的 40%;有 26 个县(市、区)信息化水平在同类地区中的排名比 2011 年有所下降,占比为 28.9%。

2. 信息化发展水平仍存在较大差距

通过对 2012 年信息化五个分类指数进行县(市、区)之间的比较,可以看出县域之间信息化发展水平差距较大(见图 2)。

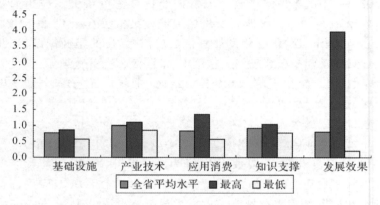

图 2   2012 年信息化分类指数的全省平均、最高和最低水平比较图

从五个分类指数来看,发展效果指数差距最大。2012 年最低发展效果指数仅相当于该分类指数最高值的 5.2%,其次为应用消费指数,最低应用消费指数相当于最高值的 42.5%,基础设施指数、知识支撑指数和产业技术指数最低值分别相当于最高值的 65.3%、73.1% 和 76.1%。从信息化发展指数的具体指标来看,信息制造业增加值占规上工业增加值比重、R&D 经费支出占 GDP 的比重、每百万人发明专利授权量、人均 GDP、互联网宽带普及率、人均电信业务收入等几项指标方面,落后县(市、区)与发达县(市、区)差距较大,最低值分别相当于最高值的 0.3%、1.6%、1.5%、16.2%、25.5% 和 16.9%。

五、对策建议

（一）加大基础设施的建设力度，建设智慧化基础设施

进一步加强基础设施建设，全面部署新一代宽带网络，大力建设无线宽带网络，推进物联网技术示范应用，培育发展物联网产业，积极推进三网融合，不断完善网络布点，建设宽带应用网络设施。着力打造宽带化、移动化、融合化、泛在化的安全可靠新一代信息基础设施。推进信息通信基础设施建设快速发展，统筹规划物联网研发和应用示范，建设感知网络和云计算等应用基础设施。加快新一代移动通信 3G 的推广应用和下一代互联网发展步伐。加强落后地区信息基础设施建设，努力缩小地区信息化水平差距，促进协调发展。

（二）加强工业化与信息化融合，促进产业转型升级

推进信息化和工业化融合，是一项长期持续的系统性工作。要推进产业集群两化深度融合，加快重点行业两化深度融合，推动信息通信技术和传统产业技术相结合的集成创新，大力发展智能生产工具，推进生产装备数字化，推动创新研究和开发设计等生产制造关键环节的信息化，提高生产制造全过程工作效能，加快推动我省从工业大省向工业强省、制造大省向"智造强省"转变；加快高耗能、高物耗、高污染行业的信息化改造和资源能源消耗与污染排放的信息化监测，充分挖掘利用信息资源，促进节约能源、降低物耗、控制污染、保护环境的制造业发展模式。推动资源配置、流程再造、业务重塑和管理决策环节的信息化，提升企业资源配置效率、市场反应效率、技术创新水平和全球化环境下的综合竞争能力。

（三）统筹城乡协调发展，提高信息化应用消费水平

加大农村信息建设投入力度，推进农村社会管理和服务信息

化,建立农村信息服务体系。通过信息化服务手段,促进城市和农村的资源和信息自由流动、有序对接,从而有效加快农业转型升级,缩小城乡差距,推动城市和农村的统筹、协调发展。要面向广大农民和农村,从普及农业科学技术和搞活农产品流通两个方面,大力推广和应用信息技术,在提高农民素质的同时让农民充分享受信息化发展带来的实惠。同时要勇于打破垄断,在固定电话运营商、有线电视公司和无线运营商之间引入竞争机制,服务商在竞争中通过降低价格,例如降低宽带费用等,来获取利润和市场份额,以使更多的农村用户和企业能够用得起信息服务。

(四)提高全民文化素质,树立以公众为中心的社会信息化发展理念

信息社会的基础是知识经济社会,只有提高全民文化素质,特别是提高科技创新能力,才能加快实现社会经济质的变革和飞跃。同时,信息化的发展也是加速提高全民文化素质的过程,因此,提高全民文化素质是促进科技进步、信息化发展的关键因素。围绕公共管理和社会服务,科学把握公众需求,梳理业务流程,加强信息技术应用的普及指导,加大信息资源开发利用力度,努力缩小不同领域、人群间信息化水平差距,促进信息化全面协调发展,逐步消减城乡之间、地区之间的"数字鸿沟"。

课题负责人　　林　　云
成　　　员　　王怡川　蒋晓雁
执　　　笔　　王怡川

附录

附表 1 各市信息化指数(Ⅱ)排序

按 2011 年总指数排序			按 2012 年总指数排序		
	总指数	位 次		总指数	位 次
杭州市	0.948	1	杭州市	0.982	1
宁波市	0.937	2	宁波市	0.963	2
嘉兴市	0.859	3	嘉兴市	0.892	3
绍兴市	0.816	4	绍兴市	0.859	4
金华市	0.814	5	金华市	0.849	5
湖州市	0.809	6	湖州市	0.840	6
温州市	0.796	7	舟山市	0.829	7
舟山市	0.790	8	温州市	0.825	8
台州市	0.780	9	台州市	0.806	9
丽水市	0.686	10	丽水市	0.731	10
衢州市	0.686	10	衢州市	0.718	11

附表 2-1 各县(市、区)信息化指数(Ⅱ)排序(一类)

按 2011 年总指数排序			按 2012 年总指数排序		
	总指数	位次		总指数	位次
北仑区	0.984	1	北仑区	1.022	1
慈溪市	0.937	2	慈溪市	0.981	2
鄞州区	0.936	3	鄞州区	0.971	3
镇海区	0.922	4	余姚市	0.965	4
余杭区	0.916	5	镇海区	0.955	5
余姚市	0.901	6	余杭区	0.950	6
萧山区	0.889	7	萧山区	0.942	7

续表

按 2011 年总指数排序			按 2012 年总指数排序		
	总指数	位次		总指数	位次
海宁市	0.884	8	绍兴县	0.939	8
绍兴县	0.879	9	海宁市	0.917	9
富阳市	0.873	10	富阳市	0.898	10
桐乡市	0.855	11	桐乡市	0.873	11
乐清市	0.833	12	乐清市	0.857	12
诸暨市	0.805	13	上虞市	0.845	13
上虞市	0.801	14	诸暨市	0.844	14

附表 2-2 各县(市、区)信息化指数(Ⅱ)排序(二类)

按 2011 年总指数排序			按 2012 年总指数排序		
	总指数	位次		总指数	位次
滨江区	1.508	1	滨江区	1.574	1
上城区	0.956	2	上城区	0.970	2
南湖区	0.935	3	南湖区	0.969	3
拱墅区	0.930	4	义乌市	0.960	4
义乌市	0.908	5	拱墅区	0.957	5
临安市	0.882	6	临安市	0.934	6
嘉善县	0.869	7	嘉善县	0.902	7
平湖市	0.853	8	永康市	0.888	8
永康市	0.853	8	南浔区	0.884	9
南浔区	0.849	10	平湖市	0.880	10
玉环县	0.833	11	秀洲区	0.868	11
德清县	0.831	12	玉环县	0.864	12

按 2011 年总指数排序			按 2012 年总指数排序		
	总指数	位次		总指数	位次
秀洲区	0.831	12	德清县	0.860	13
瑞安市	0.823	14	瑞安市	0.853	14
温岭市	0.800	15	长兴县	0.851	15
长兴县	0.796	16	温岭市	0.813	16
临海市	0.744	17	临海市	0.761	17
兰溪市	0.683	18	兰溪市	0.707	18

附表 2-3　各县（市、区）信息化指数（Ⅱ）排序（三类）

按 2011 年总指数排序			按 2012 年总指数排序		
	总指数	位次		总指数	位次
西湖区	1.022	1	西湖区	1.032	1
江北区	1.005	2	江北区	1.023	2
海曙区	0.993	3	海曙区	1.013	3
江东区	0.991	4	江东区	1.009	4
江干区	0.953	5	江干区	0.954	5
东阳市	0.882	6	东阳市	0.927	6
鹿城区	0.880	7	椒江区	0.918	7
龙湾区	0.877	8	龙湾区	0.914	8
椒江区	0.874	9	越城区	0.900	9
越城区	0.855	10	吴兴区	0.898	10
吴兴区	0.855	10	鹿城区	0.892	11
路桥区	0.850	12	路桥区	0.882	12
海盐县	0.847	13	瓯海区	0.881	13

续表

按 2011 年总指数排序			按 2012 年总指数排序		
	总指数	位次		总指数	位次
瓯海区	0.845	14	海盐县	0.874	14
婺城区	0.839	15	象山县	0.861	15
象山县	0.823	16	黄岩区	0.848	16
新昌县	0.819	17	新昌县	0.848	16
黄岩区	0.814	18	婺城区	0.843	18
奉化市	0.809	19	奉化市	0.840	19
金东区	0.802	20	宁海县	0.829	20
宁海县	0.798	21	金东区	0.828	21
定海区	0.784	22	定海区	0.822	22

附表 2-4 各县(市、区)信息化指数(Ⅱ)排序(三类)

按 2011 年总指数排序			按 2012 年总指数排序		
	总指数	位次		总指数	位次
莲都区	0.773	23	普陀区	0.810	23
桐庐县	0.771	24	安吉县	0.805	24
嵊州市	0.769	25	莲都区	0.803	25
普陀区	0.766	26	嵊州市	0.799	26
武义县	0.747	27	武义县	0.782	27
安吉县	0.745	28	桐庐县	0.774	28
建德市	0.738	29	浦江县	0.763	29
浦江县	0.733	30	建德市	0.763	29
苍南县	0.713	31	苍南县	0.751	31
永嘉县	0.708	32	缙云县	0.748	32
天台县	0.707	33	遂昌县	0.745	33

续表

按 2011 年总指数排序			按 2012 年总指数排序		
	总指数	位次		总指数	位次
岱山县	0.703	34	岱山县	0.738	34
江山市	0.700	35	永嘉县	0.737	35
三门县	0.697	36	平阳县	0.730	36
缙云县	0.696	37	青田县	0.729	37
平阳县	0.690	38	天台县	0.729	37
遂昌县	0.680	39	江山市	0.725	39
青田县	0.664	40	三门县	0.720	40
淳安县	0.663	41	淳安县	0.696	41
龙游县	0.648	42	龙游县	0.677	42
松阳县	0.623	43	松阳县	0.673	43

附表 2-5　各县(市、区)信息化指数(Ⅱ)排序(四类)

按 2011 年总指数排序			按 2012 年总指数排序		
	总指数	位次		总指数	位次
下城区	0.966	1	下城区	0.987	1
嵊泗县	0.768	2	开化县	0.812	2
洞头县	0.759	3	嵊泗县	0.801	3
开化县	0.738	4	洞头县	0.770	4
磐安县	0.727	5	磐安县	0.761	5
柯城区	0.708	6	柯城区	0.759	6
云和县	0.698	7	云和县	0.737	7
仙居县	0.675	8	仙居县	0.706	8
龙泉市	0.668	9	龙泉市	0.686	9

按 2011 年总指数排序			按 2012 年总指数排序		
	总指数	位次		总指数	位次
景宁县	0.642	10	景宁县	0.680	10
庆元县	0.640	11	衢江区	0.673	11
常山县	0.616	12	庆元县	0.667	12
衢江区	0.603	13	泰顺县	0.647	13
文成县	0.584	14	常山县	0.641	14
泰顺县	0.581	15	文成县	0.604	15

附表 3-1   2011 年省、市、县（市、区）信息化指数（Ⅱ）

	基础设施指数	产业技术指数	应用消费指数	知识支撑指数	发展效果指数	总指数
浙江省	0.752	0.970	0.775	0.914	0.755	0.833
杭州市	0.804	1.009	0.934	0.952	1.061	0.948
上城区	0.726	1.042	1.248	0.940	0.806	0.956
下城区	0.811	1.051	1.251	0.961	0.724	0.966
江干区	0.751	1.051	1.186	1.024	0.728	0.953
拱墅区	0.807	0.996	1.194	0.995	0.617	0.930
西湖区	0.859	1.064	1.277	0.998	0.897	1.022
滨江区	0.820	1.094	1.146	1.039	3.717	1.508
萧山区	0.851	0.977	0.810	0.942	0.870	0.889
余杭区	0.884	0.989	0.887	0.972	0.846	0.916
桐庐县	0.747	0.962	0.741	0.869	0.513	0.771
淳安县	0.599	0.866	0.591	0.826	0.416	0.663
建德市	0.695	0.908	0.700	0.851	0.516	0.738
富阳市	0.801	0.962	0.757	0.927	0.932	0.873

续表

	基础设施指数	产业技术指数	应用消费指数	知识支撑指数	发展效果指数	总指数
临安市	0.762	0.960	0.754	0.892	1.073	0.882
宁波市	0.786	1.022	1.010	0.953	0.916	0.937
海曙区	0.765	0.850	1.195	1.088	1.078	0.993
江东区	0.780	1.060	1.201	0.965	0.944	0.991
江北区	0.820	1.089	1.157	0.949	1.011	1.005
北仑区	0.817	1.006	1.061	0.961	1.090	0.984
镇海区	0.723	0.979	0.868	1.014	1.054	0.922
鄞州区	0.831	1.044	0.846	1.008	0.965	0.936
象山县	0.761	0.928	0.837	0.859	0.723	0.823
宁海县	0.741	0.949	0.708	0.893	0.693	0.798
余姚市	0.797	1.021	0.846	0.920	0.931	0.901
慈溪市	0.845	1.017	0.929	0.931	0.969	0.937

附表 3-2 2011 年省、市、县(市、区)信息化指数(Ⅱ)

	基础设施指数	产业技术指数	应用消费指数	知识支撑指数	发展效果指数	总指数
奉化市	0.690	0.958	0.840	0.895	0.652	0.809
温州市	0.783	0.922	0.838	0.888	0.523	0.796
鹿城区	0.863	0.948	1.147	0.951	0.434	0.880
龙湾区	0.875	0.962	0.959	0.961	0.595	0.877
瓯海区	0.907	0.909	0.947	1.004	0.405	0.845
洞头县	0.675	0.885	0.985	0.792	0.417	0.759
永嘉县	0.630	0.893	0.698	0.858	0.437	0.708
平阳县	0.691	0.892	0.688	0.848	0.292	0.690

	基础设施指数	产业技术指数	应用消费指数	知识支撑指数	发展效果指数	总指数
苍南县	0.739	0.872	0.701	0.832	0.386	0.713
文成县	0.556	0.808	0.514	0.762	0.250	0.584
泰顺县	0.588	0.809	0.533	0.801	0.133	0.581
瑞安市	0.877	0.925	0.865	0.876	0.541	0.823
乐清市	0.745	0.950	0.789	0.905	0.774	0.833
嘉兴市	0.827	0.976	0.787	0.897	0.805	0.859
南湖区	0.859	0.986	0.907	0.976	0.953	0.935
秀洲区	0.846	0.961	0.795	0.841	0.699	0.831
嘉善县	0.783	0.983	0.786	0.882	0.926	0.869
海盐县	0.823	0.960	0.821	0.893	0.726	0.847
海宁市	0.857	0.999	0.841	0.890	0.828	0.884
平湖市	0.816	0.972	0.752	0.872	0.861	0.853
桐乡市	0.820	0.955	0.928	0.891	0.659	0.855
湖州市	0.747	0.958	0.730	0.881	0.729	0.809
吴兴区	0.786	0.966	0.973	0.900	0.623	0.855
南浔区	0.852	0.956	0.757	0.811	0.877	0.849
德清县	0.841	0.953	0.767	0.882	0.701	0.831

附表 3-3　2011 年省、市、县(市、区)信息化指数(Ⅱ)

	基础设施指数	产业技术指数	应用消费指数	知识支撑指数	发展效果指数	总指数
长兴县	0.671	0.936	0.677	0.891	0.819	0.796
安吉县	0.737	0.953	0.676	0.873	0.462	0.745
绍兴市	0.757	0.935	0.782	0.915	0.683	0.816

续表

	基础设施指数	产业技术指数	应用消费指数	知识支撑指数	发展效果指数	总指数
越城区	0.799	0.940	0.975	0.939	0.590	0.855
绍兴县	0.872	0.938	0.853	0.939	0.788	0.879
新昌县	0.670	0.968	0.774	0.885	0.806	0.819
诸暨市	0.718	0.932	0.716	0.930	0.732	0.805
上虞市	0.763	0.936	0.772	0.875	0.649	0.801
嵊州市	0.695	0.878	0.714	0.874	0.682	0.769
金华市	0.739	0.960	0.806	0.929	0.619	0.814
婺城区	0.753	0.949	0.940	0.956	0.569	0.839
金东区	0.702	0.950	0.888	0.876	0.570	0.802
武义县	0.694	0.910	0.719	0.901	0.487	0.747
浦江县	0.676	0.907	0.692	0.925	0.441	0.733
磐安县	0.621	0.938	0.670	0.867	0.528	0.727
兰溪市	0.605	0.887	0.602	0.829	0.480	0.683
义乌市	0.853	0.996	1.129	1.016	0.496	0.908
东阳市	0.721	0.944	0.794	0.906	1.076	0.882
永康市	0.784	0.995	0.764	0.957	0.764	0.853
衢州市	0.622	0.846	0.594	0.856	0.498	0.686
柯城区	0.733	0.876	0.751	0.947	0.176	0.708
衢江区	0.576	0.779	0.534	0.802	0.301	0.603
常山县	0.569	0.831	0.533	0.804	0.319	0.616
开化县	0.565	0.842	0.537	0.796	0.995	0.738
龙游县	0.580	0.836	0.597	0.852	0.355	0.648

附表 3-4   2011 年省、市、县(市、区)信息化指数(Ⅱ)

	基础设施指数	产业技术指数	应用消费指数	知识支撑指数	发展效果指数	总指数
江山市	0.582	0.855	0.558	0.855	0.659	0.700
舟山市	0.778	0.870	0.851	0.855	0.573	0.790
定海区	0.774	0.903	0.757	0.881	0.585	0.784
普陀区	0.757	0.835	0.830	0.836	0.550	0.766
岱山县	0.753	0.821	0.515	0.800	0.629	0.703
嵊泗县	0.737	0.875	0.927	0.803	0.463	0.768
台州市	0.778	0.931	0.744	0.886	0.540	0.780
椒江区	0.877	0.962	0.939	0.925	0.641	0.874
黄岩区	0.809	0.958	0.789	0.872	0.625	0.814
路桥区	0.866	0.964	0.900	0.929	0.557	0.850
玉环县	0.833	0.957	0.844	0.931	0.574	0.833
三门县	0.662	0.865	0.658	0.834	0.442	0.697
天台县	0.654	0.920	0.711	0.889	0.324	0.707
仙居县	0.651	0.862	0.644	0.879	0.303	0.675
温岭市	0.835	0.904	0.748	0.867	0.631	0.800
临海市	0.699	0.916	0.714	0.871	0.497	0.744
丽水市	0.641	0.885	0.628	0.859	0.395	0.686
莲都区	0.758	0.911	0.790	0.931	0.440	0.773
青田县	0.624	0.777	0.639	0.807	0.456	0.664
缙云县	0.639	0.870	0.621	0.871	0.463	0.696
遂昌县	0.656	0.897	0.663	0.828	0.322	0.680
松阳县	0.577	0.769	0.594	0.840	0.304	0.623
云和县	0.620	0.966	0.690	0.877	0.301	0.698
庆元县	0.569	0.870	0.639	0.832	0.252	0.640

续表

	基础设施指数	产业技术指数	应用消费指数	知识支撑指数	发展效果指数	总指数
景宁县	0.619	0.870	0.619	0.817	0.247	0.642
龙泉市	0.649	0.881	0.642	0.840	0.293	0.668

附表 4-1　2012 年省、市、县（市、区）信息化指数（Ⅱ）

	基础设施指数	产业技术指数	应用消费指数	知识支撑指数	发展效果指数	总指数
浙江省	0.768	0.997	0.832	0.917	0.798	0.862
杭州市	0.831	1.035	0.987	0.957	1.121	0.982
上城区	0.730	1.053	1.260	0.943	0.849	0.970
下城区	0.815	1.082	1.243	0.969	0.804	0.987
江干区	0.757	0.983	1.271	1.042	0.684	0.954
拱墅区	0.816	1.030	1.213	1.004	0.692	0.957
西湖区	0.878	1.086	1.352	1.003	0.812	1.032
滨江区	0.839	1.110	1.228	1.042	3.940	1.574
萧山区	0.876	1.019	0.926	0.942	0.950	0.942
余杭区	0.919	1.002	0.954	0.980	0.892	0.950
桐庐县	0.698	0.979	0.742	0.870	0.564	0.774
淳安县	0.612	0.891	0.655	0.826	0.481	0.696
建德市	0.708	0.912	0.767	0.849	0.560	0.763
富阳市	0.828	1.003	0.779	0.928	0.970	0.898
临安市	0.793	1.007	0.861	0.890	1.152	0.934
宁波市	0.803	1.057	1.009	0.956	0.997	0.963
海曙区	0.803	0.866	1.249	0.987	1.173	1.013
江东区	0.792	1.104	1.254	1.005	0.875	1.009

	基础设施指数	产业技术指数	应用消费指数	知识支撑指数	发展效果指数	总指数
江北区	0.824	1.099	1.205	0.984	0.998	1.023
北仑区	0.792	1.011	1.161	0.971	1.197	1.022
镇海区	0.736	1.037	0.884	1.022	1.126	0.955
鄞州区	0.833	1.072	0.914	1.027	1.024	0.971
象山县	0.769	0.980	0.917	0.866	0.768	0.861
宁海县	0.748	0.980	0.789	0.898	0.723	0.829
余姚市	0.810	1.067	0.959	0.923	1.090	0.965
慈溪市	0.848	1.052	1.046	0.936	1.034	0.981

附表 4-2   2012 年省、市、县(市、区)信息化指数(Ⅱ)

	基础设施指数	产业技术指数	应用消费指数	知识支撑指数	发展效果指数	总指数
奉化市	0.705	1.001	0.882	0.902	0.699	0.840
温州市	0.808	0.955	0.901	0.888	0.544	0.825
鹿城区	0.868	0.989	1.142	0.942	0.466	0.892
龙湾区	0.899	0.982	1.081	0.939	0.633	0.914
瓯海区	0.916	0.949	1.027	1.005	0.458	0.881
洞头县	0.678	0.950	0.783	0.799	0.630	0.770
永嘉县	0.655	0.917	0.763	0.859	0.468	0.737
平阳县	0.731	0.929	0.757	0.848	0.344	0.730
苍南县	0.755	0.921	0.784	0.833	0.426	0.751
文成县	0.573	0.869	0.575	0.762	0.203	0.604
泰顺县	0.672	0.883	0.603	0.813	0.224	0.647
瑞安市	0.908	0.950	0.930	0.878	0.563	0.853

续表

	基础设施指数	产业技术指数	应用消费指数	知识支撑指数	发展效果指数	总指数
乐清市	0.767	0.980	0.873	0.905	0.753	0.857
嘉兴市	0.851	0.995	0.874	0.898	0.838	0.892
南湖区	0.887	1.003	1.019	0.971	0.968	0.969
秀洲区	0.864	0.977	0.886	0.837	0.763	0.868
嘉善县	0.829	0.977	0.869	0.888	0.959	0.902
海盐县	0.845	0.992	0.862	0.896	0.767	0.874
海宁市	0.880	1.019	0.929	0.893	0.861	0.917
平湖市	0.843	0.977	0.825	0.871	0.891	0.880
桐乡市	0.827	1.001	0.910	0.891	0.722	0.873
湖州市	0.762	0.981	0.781	0.881	0.798	0.840
吴兴区	0.800	1.008	1.096	0.902	0.657	0.898
南浔区	0.923	0.961	0.822	0.803	0.916	0.884
德清县	0.855	0.985	0.827	0.885	0.737	0.860

附表 4-3 2012 年省、市、县(市、区)信息化指数(Ⅱ)

	基础设施指数	产业技术指数	应用消费指数	知识支撑指数	发展效果指数	总指数
长兴县	0.703	0.965	0.769	0.890	0.950	0.851
安吉县	0.750	0.974	0.806	0.878	0.598	0.805
绍兴市	0.777	0.962	0.901	0.918	0.728	0.859
越城区	0.830	0.959	1.152	0.937	0.581	0.900
绍兴县	0.886	0.974	1.009	0.945	0.872	0.939
新昌县	0.689	0.978	0.858	0.896	0.826	0.848
诸暨市	0.744	0.952	0.823	0.934	0.762	0.844
上虞市	0.778	0.962	0.891	0.874	0.708	0.845

	基础设施指数	产业技术指数	应用消费指数	知识支撑指数	发展效果指数	总指数
嵊州市	0.720	0.917	0.759	0.872	0.725	0.759
金华市	0.771	0.991	0.873	0.936	0.659	0.849
婺城区	0.786	0.996	0.924	0.958	0.518	0.843
金东区	0.737	0.997	0.901	0.889	0.593	0.828
武义县	0.725	0.943	0.776	0.908	0.535	0.782
浦江县	0.705	0.921	0.730	0.923	0.517	0.763
磐安县	0.651	0.948	0.723	0.873	0.603	0.761
兰溪市	0.617	0.901	0.669	0.832	0.501	0.707
义乌市	0.873	1.033	1.272	1.023	0.545	0.960
东阳市	0.784	0.970	0.875	0.918	1.119	0.927
永康市	0.820	1.021	0.848	0.959	0.787	0.888
衢州市	0.623	0.899	0.674	0.858	0.526	0.718
柯城区	0.759	0.986	0.841	0.948	0.203	0.759
衢江区	0.810	0.817	0.590	0.805	0.304	0.673
常山县	0.582	0.845	0.593	0.804	0.358	0.641
开化县	0.575	0.824	0.634	0.800	1.296	0.812
龙游县	0.596	0.842	0.672	0.852	0.399	0.677

附表 4-4 2012 年省、市、县(市、区)信息化指数(Ⅱ)

	基础设施指数	产业技术指数	应用消费指数	知识支撑指数	发展效果指数	总指数
江山市	0.598	0.885	0.651	0.855	0.636	0.725
舟山市	0.801	0.911	0.923	0.862	0.624	0.829
定海区	0.820	0.938	0.811	0.885	0.641	0.822

续表

	基础设施指数	产业技术指数	应用消费指数	知识支撑指数	发展效果指数	总指数
普陀区	0.773	0.903	0.908	0.842	0.598	0.810
岱山县	0.778	0.853	0.570	0.806	0.683	0.738
嵊泗县	0.758	0.882	0.980	0.812	0.540	0.801
台州市	0.801	0.954	0.799	0.889	0.561	0.806
椒江区	0.933	0.999	1.015	0.939	0.673	0.918
黄岩区	0.838	0.983	0.867	0.873	0.662	0.848
路桥区	0.879	0.973	1.003	0.936	0.584	0.882
玉环县	0.839	0.982	0.924	0.934	0.615	0.864
三门县	0.686	0.877	0.706	0.832	0.480	0.720
天台县	0.673	0.920	0.774	0.886	0.355	0.729
仙居县	0.658	0.880	0.713	0.884	0.363	0.706
温岭市	0.854	0.929	0.789	0.871	0.601	0.813
临海市	0.716	0.937	0.721	0.876	0.538	0.761
丽水市	0.663	0.914	0.702	0.866	0.493	0.731
莲都区	0.747	0.946	0.876	0.942	0.473	0.803
青田县	0.654	0.879	0.701	0.809	0.596	0.729
缙云县	0.635	0.898	0.686	0.874	0.643	0.748
遂昌县	0.673	0.901	0.743	0.834	0.557	0.745
松阳县	0.592	0.933	0.655	0.851	0.302	0.673
云和县	0.649	0.952	0.767	0.887	0.401	0.737
庆元县	0.600	0.852	0.698	0.840	0.313	0.667
景宁县	0.622	0.952	0.699	0.830	0.256	0.680
龙泉市	0.695	0.826	0.707	0.842	0.320	0.686

第八章　浙江省妇女儿童发展"十二五"规划中期统计监测评估报告

2012 年是《浙江省妇女发展规划（2011—2015 年）》《浙江省儿童发展规划（2011—2015 年）》（以下简称《规划》）颁布实施中期监测评估年份。《规划》颁布实施以来，在省委、省政府的正确领导下，我省妇儿事业与经济社会协调发展，妇女儿童工作各项目标稳步推进，妇女儿童监测统计指标继续保持良好的发展态势。

一、《规划》目标总体完成情况

《规划》提出"十二五"时期全省妇女儿童事业 153 项具体发展目标。其中，妇女发展为 7 个领域 86 项目标；儿童发展为 5 个领域 67 项目标。按照"时间过半、任务过半"的要求，有 118 项指标符合或超过进度要求，占 77.12％；标准化中小学校比例、村委会成员中女性比例、村委会主任中女性比例、县（市、区）"12355"青少年服务台基层工作站覆盖率等 4 项指标完成有一定困难，需要加大工作力度；11 项指标由于操作难度较大，缺乏数据支持；8 项指标暂缺数据，目前无法判别；还有已婚育龄妇女避孕率、18 岁以下儿童死亡率等少数指标出现下滑或反弹。

二、主要目标分领域情况

随着《规划》的深入实施，涉及妇女儿童事业发展的卫生保健、决策管理、社会保障和权益保护等领域得到较快发展，大部分《规划》目标提前实现。各领域情况如下。

（一）妇女儿童与卫生健康

1. 医疗条件不断改善，死亡率持续下降

2012 年，全省医疗卫生经费投入 305.91 亿元，比 2010 年增加 81.38 亿元，增长 36.2%。按户籍人口计算，平均每千人口拥有床位、医生和护士分别为 4.4 张（全国 4.19 张）、2.71 人（全国 1.91 人）和 2.53 人（全国 1.83 人），分别比 2010 年增加 0.56 张、0.3 人和 0.44 人。全省婴儿死亡率、五岁以下儿童死亡率和孕产妇死亡率等指标达到并超过《规划》目标要求，在全国处于领先地位。婴儿死亡率为 4.68‰（全国 10.3‰），其中，城市为 3.54‰，农村为 5.34‰，比 2010 年分别下降 1.38 个千分点、0.97 个千分点和 1.54 个千分点。5 岁以下儿童死亡率为 6.52‰（全国 13.2‰），其中，城市为 4.73‰，农村为 7.37‰，比 2010 年分别下降 1.68 个千分点、1.33 个千分点和 1.98 个千分点。孕产妇死亡率由 2010 年 7.44 /10 万下降到 2012 年的 4.01/10 万（全国 24.5/10 万），其中，城市由 6.58 /10 万下降到 3.55/10 万，农村由 9.14 /10 万下降到 4.90/10 万。

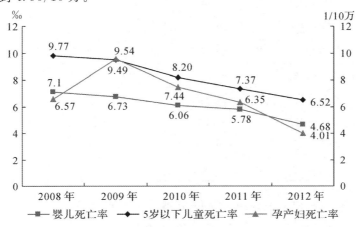

图 1 死亡率变动曲线

2. 儿童健康逐步改善，卫生保健得到加强

2012 年，全省儿童疫苗接种率包括卡介苗、脊髓灰质炎、百白破、含麻疹成分、乙肝、甲肝、流脑和乙脑疫苗等一直保持在 99.5％以上。儿童计划免疫已全面达到并超过《规划》提出的各项目标，有效减少了儿童传染疾病的发生，保障了儿童健康成长。2012 年，全省婴幼儿家长科学喂养知识普及率为 99.36％，比 2010 年提高 1.65 个百分点，0—6 个月婴儿母乳喂养率 88.94％，比 2010 年提高 1.85 个百分点。儿童保健管理水平不断提高，3 岁以下儿童系统管理率和 7 岁以下儿童系统管理率为 95.67％和 96.67％，分别比 2010 年提高 1.34 个百分点和 0.83 个百分点。儿童营养状况逐步改善，5 岁以下儿童中、重度营养不良患病率为 0.3％，比 2010 年下降 0.22 个百分点。托幼机构卫生保健合格率 96.63％，比《规划》目标值高 11.63 个百分点。

表 1　儿童疫苗接种率

单位:％

指　　标	2010 年	2011 年	2012 年
卡介苗	99.75	99.83	99.84
脊灰疫苗	99.67	99.71	99.73
百白破疫苗	99.55	99.68	99.68
含麻疹成分疫苗	99.57	99.80	99.81
乙肝疫苗	99.67	99.77	99.77
甲肝疫苗	98.73	99.52	99.61
乙脑疫苗	99.37	99.64	99.66
流脑疫苗	99.45	99.56	99.61

3. 孕产妇系统管理率提升，保健水平逐年提高

2012 年，全省孕产妇系统管理率为 96.56％，其中，城市为 96.80％，农村为 96.08％，分别比 2010 年提高 1.26、1.18 和 1.41

个百分点,超过《规划》提出 93％以上的目标值。孕产妇产前检查率 98.64％,比 2010 年提高 0.21 个百分点。孕产妇中、重度贫血患病率为 0.82％,比上年下降 0.08 个百分点。全省孕产妇住院分娩率、农村孕产妇住院分娩率、农村高危孕产妇住院分娩率分别为 99.99％、99.98％和 100％;非住院分娩新法接生率显著下降,由 2010 年的 78.35％下降为 48.39％,下降 29.96 个百分点。

4.妇女生殖健康水平提高,健康质量不断改善

为基本消除农村妇女病等常见疾病的困扰,我省近几年来不断强化妇女常见病多发病的普查普治、群防群治的干预力度。2012 年,全省妇女常见病筛查人数 432.1 万人,比上年增加 51 万人,增长 13.38％;妇女常见病筛查率 33.96％,比 2011 年提高 3.69 个百分点。宫颈癌患病率 1.26/10 万,比 2010 年下降 0.13 /10 万;乳腺癌患病率 0.72/10 万,比 2010 年上升 0.22/10 万。妇女梅毒年报告发病率 75.09 /10 万,比上年下降 20.26/10 万。2012 年,全省报告女性艾滋病感染病例数比 2010 年下降 15.78 个百分点。孕产妇艾滋病病毒抗体阳性率 0.01％,与 2010 年持平。

(二)妇女儿童与教育培训

1.学前教育稳步发展

2012 年,全省有幼儿园 9573 所,在园幼儿 187.87 万人,其中女童 86.40 万人,比 2010 年分别增加 4.82 万人和 2.64 万人;幼儿园专任教师 10.7 万人,比 2010 年增加 1.2 万人;幼儿教师学历合格率 99％,比 2010 年提高 0.5 个百分点。学前三年毛入园率 95.8％,比 2010 年提高 0.8 个百分点。等级幼儿园覆盖率 78.4％,比 2010 年提高 8.19 个百分点。

2.义务教育持续巩固

2012 年,全省普通小学在校生 346.7 万人,其中女生 159.2 万人,分别比 2010 年增加 13.40 万人和 6.37 万人。小学适龄儿童净入学率 99.99％；小学五年巩固率 100％；初中三年巩固率 99.99％；九年义务教育巩固率 99.99％；初中毕业生年升学率 98.29％，比 2010 年提高 0.32 个百分点；初中阶段毛入学率 99.98％，其中，女生 99.98％，与上年相比分别提高 0.07 和 0.06 个百分点。特殊教育学校在校生数 14425 人，其中，女生 5135 人，分别比 2010 年增加 1415 人和 468 人，提高 10.9 和 10.0 个百分点。

3. 高等教育扎实推进

2012 年，高等教育毛入学率达到 49.5％，比 2010 年提高 4.5 个百分点。普通高等教育在校生、女生分别为 93.2 万人和 50.7 万人，与 2010 年相比，分别增加 4.7 万人和 4.1 万人，增长 5.4％ 和 8.8％；在校研究生、女生分别为 5.4 万人和 2.6 万人，比 2010 年分别增加 6378 人和 3719 人，增长 13.3％ 和 17.1％。

4. 家长学校增加明显

2012 年，全省家长学校 21547 所，培训 267.39 万人次，与 2011 年相比分别增加 2329 所和 140.22 万人次，增长 12.1％ 和 1.1 倍。已创建省级示范家长学校 223 所，比 2011 年增加 197 所，是《规划》目标值的 1.23 倍。

（三）妇女与经济、劳动就业

1. 妇女就业比例保持基本稳定

2012 年，全省年末从业人员 3691.2 万人，其中，女性为 1577.1 万人，占从业人员的 42.7％，高于《规划》确定的目标要求，与 2010 年比较，从业女性人数增加 26.1 万人，增长 1.7％。城镇单位从业人员为 1070.1 万人，其中，女性为 361.2 万人，占 33.8％，与 2010 年比较，增加 64.5 万人，增长 21.7％。新增城镇就业 98.7 万人，其中 42.2 万名城镇失业人员实现再就业。年末城镇登记失业率 3.01％，低于 2010 年 0.19 个百分点。残疾人就业人数 19.85 万人，比 2010 年增加 1.47 万人，增长

8.0%。全省新增残疾人就业 10029 人,其中,按比例就业 4127 名;另外,还为 1.41 万名残疾人提供就业帮扶,为 2.51 万残疾人提高培训服务。

2. 女性专业技术人员比例有所提高

2012 年,全省公有经济企事业单位高级专业技术人员为 12.31 万人,比 2011 年增加 1.04 万人。其中,女性为 4.80 万人,比 2011 年增加 3470 人,占 39.0%,超过《规划》要求 35% 以上的比例。企业高级专业技术人员为 7417 人,比 2011 年增加 837 人,其中,女性为 1534 人,比 2011 年增加 205 人,增长 15.4%。事业单位高级专业技术人员 11.57 万人,比 2011 年增加 0.96 万人,其中,女性为 4.64 万人,增加 3265 人,增长 7.6%。

(四)妇女参与决策和管理

1. 各级领导班子中女干部配备率提高

2012 年,市级党委领导班子中配有女干部的班子比例由 2010 年的 72.7% 提高到 90.9%,提高 18.2 个百分点;市级人大、政府、政协领导班子中配有女干部的班子比例均为 100%;省、市、县三级党政工作部门领导班子配有女干部的班子比例分别为 60.7%、56.5% 和 56.4%,全面达到并超过《规划》提出的各项目标。县(市、区)党委和政府领导班子中配有女干部的班子比例分别是 97.8% 和 100%,比 2010 年提高 16.7 和 7.8 个百分点。乡镇(街道)领导班子中女干部的配备率由 2010 年的 95.4% 提高到 98.8%,提高 3.4 个百分点。

2. 妇女参政比例保持稳定

近年来,我省为确保妇女参政议政、参与政府决策和事务管理,不断推出有利于妇女平等参与的政策法规,妇女参政比例保持稳定。2012 年,全省人大女代表 167 名,占代表总数的 26.3%;市、县人大代表中女性比例分别为 22.5% 和 18.4%。全省政协女委员 273 人,占委员总数的 25.5%,市、县政协委员中女性比例分别为 27.9％和 27.3％。此外,基层单位的村委会成员中女性比例为 22.6％,比 2010 年提高 3.1 个百分点;其中,村委会主任中女性比例为 7.4％,比 2010 年提高 1.2 个百分点。村民代表会议组成人员中女性村民代表比例为 35.2％,超过《规划》提出的 33％以上的目标要求。

3. 女干部人数逐步增加

2012 年,全省女公务员为 7.38 万人,比 2010 年增加 1.03 万人,增长 16.1％;女性占全部公务员的 23.8％,比 2010 年提高 1.45 个百分点。其中,县处级公务员中女性为 5663 人,比 2010 年增加 840 人,增长 17.4％。市、县后备干部中女干部比例分别为 25.7％和 31.5％,比 2010 年提高 1.7 和 5.3 个百分点,超过《规划》提出的不少于 15％和 20％目标要求。

4. 女职工参与企业决策和管理水平有所提高

2012 年,基层工会组织 14.39 万个,比 2010 年增加 2.64 万个,增长 22.5％。企业职工代表大会中女性代表比重为 38.3％,比 2010 年提高 4.2 个百分点;企业董事会、监事会中女性比重为 40.0％,比 2010 年提高 3.0 个百分点,其中,企业董事会中女职工董事占职工董事比重为 39.7％,企业监事会中女职工监事占职工监事比重为 40.3％,比 2010 年分别提高 2.7 和 3.4 个百分点。全省执行了《女职工四期、禁忌劳动规定》的企业数 10.02 万家,比 2011 年增加 8233 家,增长 9.0％,占企业总数的比重为 69.6％,提高 1.4 个百分点。

（五）妇女儿童与社会福利保障

1. 社会福利体系不断完善

2012 年,全省已初步形成城乡一体社会养老服务体系,确立“9732”总体布局,即 97％的老年人居家养老,3％的机构养老,2％的实行养老补贴。各种收养性福利事业单位 1979 个,比 2010 年增加 284 个,增长 16.8％;拥有福利床位 24.92 万张,比 2010 年增加 4.80 万张,收养人数 12.70 万人,比 2010 年增加 1.82 万人,增长 16.7%。实施"儿童福利机构建设蓝天计划",印发《关于加快发展孤儿和困境儿童福利事业的意见》,孤儿和困境儿童福利保障体系进一步健全。2012 年,全省共有孤儿 5872 名,其中 68 家儿童福利机构集中养育的孤儿有 2980 名(按不低于当地上年度城镇居民家庭人均消费性支出的 70% 计算)、社会散居孤儿 2892 名(按不低于机构孤儿养育标准的 60% 计算),向其发放基本生活费,并逐步将困境儿童、艾滋儿童纳入了保障范围。同时,残疾儿童康复工作积极推进,2012 年,全省开展残疾儿童康复的残疾人康复服务机构为 60 个,共有 3166 名残疾儿童接受了康复训练和服务,比 2011 年增加 638 人,增长 25.2%。

2. 社会救助服务逐步健全

制定出台《浙江省城乡居民临时救助办法(试行)》《浙江省低收入家庭收入核定办法》《浙江省人民政府关于进一步完善困难群众基本生活价格物价补贴机制的通知》等规范性文件,《浙江省社会救助条例》进入立法程序。2012 年,全省城乡居民最低生活保障人数 64.59 万人,其中,女性 22.17 万人,占 34.3%;城乡居民最低生活保障标准水平达到每人每月 476.78 元和 350.03 元,比 2010 每人每月年提高 100.09 元和 104.83 元,平均补差分别为 333 元和 206 元;农村平均低保标准已达到城镇的 71%,两项标准及城乡均等程度均居全国省区首位。农村和城镇"三无"对象集中供养基本实现全覆盖,政府对 13.9 万名低收入的失能、失智、高龄、独居等困难老人给予养老服务补贴。全省有流浪儿童救助保护中心 1 个,当年救助流浪儿童 3134 人,比上年增加 289 人,增长 10.2%。

3. 各项保障人数稳步提高

2012 年,全省参加基本养老保险、城镇职工医疗保险、工伤、失业、生育等社会保险的人数分别为 2183.3 万人、1671 万人、1731.7 万人、1065.6 万人和 1084.8 万人,与 2010 年相比,分别增加 481.1 万人、326.6 万人、256.6 万人、190.6 万人和 246.9 万人,增长 28.3%、24.3%、17.4%、21.8%和 29.5%。其中,城镇职工医疗、工伤、失业、生育保险中女性参保人数分别为 990.8 万人、676.96 万人、474.7 万人和 481 万人,与 2010 年相比,分别增加 368.9 万人、138 万人、155 万人和 174.9 万人,增长 59.3%、25.6%、48.5%和 57.1%。参加城乡居民社会养老保险人数达到 1332.3 万人,比 2010 年增加 118.3 万人,增长 9.8%;其中,新型农村社会养老保险人数为 1232.9 万人,比 2010 年增加 767 万人,增长 1.65 倍。

(六)妇女儿童与法律保护

1. 法律援助工作成效显著

2012 年,全省建立法律援助中心 102 家,乡镇(街道)法律援助工作站 1339 个、法律援助联络点 30000 个村(社区),依托妇联法律援助工作站 98 家,形成了覆盖全省的法律援助工作网络,越来越多的妇女儿童权益得到保护。全省法律援助案件受援人数 7.31 万人,比 2010 年增加 2.58 万人,增长 54.7%;其中,妇女和未成年人人数分别为 1.70 万人和 8018 人,比 2010 年增加 2663 人和 2875 人,增长 18.6%和 39.6%。办理各类涉及妇女权益的法律咨询 7.1 万人次,儿童权益的法律咨询 4.9 万人次。

2. 妇女权益得到有效保障

2012 年,全省破获强奸案件 908 起;破获组织、强迫、引诱、容留和介绍妇女卖淫案件 937 起;破获拐卖妇女儿童案件 19 起。建立工会劳动法律监督组织 5.76 万个,比 2010 年增加 1.26 万个,增长 27.9%。开展妇女法律援助"巾帼工程"专项行动,受理法律咨询 17.02 万人次;法律援助案件 1.27 万件;受援妇女 2.06 万人;获得赔偿款或取得利益 9625 万元,有效维护妇女的合法权益。妇女维权站覆盖率和"12338"妇女维权热线覆盖率分别为 94%和 100%,提前达到《规划》要求。

3. 儿童权益保护力度加大

2012年,实施未成年人法律援助"春苗工程",受理法律咨询1.99万人次,办理青少年法律援助案件7571件,接待群众17万人次,发放法律援助联系卡6万多份,有效维护青少年的合法权益。未成年人罪犯占罪犯人数的比重由2010年的6.63%下降到5.44%,下降1.19个百分点。未成年人刑事案件作案成员占全部刑事案件作案成员的比重3.7%,比上年下降1.2个百分点。中小学法制副校长人数7434人,比上年增加1364人,增长22.5%。社区儿童维权机构覆盖率、中小学生普法教育率和中小学法制副校长配备率均达到100%,提前达到《规划》要求。

(七)妇女儿童与环境优化

1. 自然环境不断改善

2012年,设区城市建城区绿化覆盖面积13.89万公顷,比2010年增加4.78万公顷,增长52.4%;人均公园绿地面积12.47平方米,比2010年增长1.4%;城市绿化覆盖率39.9%,比2010年提高1.6个百分点。2012年,城市污水处理率87.50%、城市生活垃圾无害化处理率98.97%、农村自来水普及率93.86%、农村卫生厕所普及率91.45%,与2010年比,分别提高4.76、0.68、0.57和2.52个百分点。

2. 社会环境得到优化

2012年,全省有社区服务中心(站)1.1万个,比2010增加7863个,增长2.5倍,其中,农村社区服务中心覆盖2.39万个村,覆盖率83.2%,比2010年提高3.8个百分点。全省注册登记社会组织3.19万个,比2010年增加2943个,增长10.2%,名列全国前茅。基层组织中持有证书的专业社会工作者1344人,比2011年增加482人,增长55.9%;城镇社区服务设施数和便民、利民服务网点数分别由2010年的2.03和7.41万个增加到2.48和10.18万个,增长22.2%和37.4%。全省建立儿童中心(或儿童之家)

1.12 万个,比 2011 年增加 3649 个,增长 48.3%。建立雏鹰争章体验基地 764 个,比 2011 年增加 114 个,增长 17.5%;少先队员参加雏鹰争章活动率 92.5%,其中,城市 97.4%,农村 88.5%,比 2011 年分别提高 3.6、2.3 和 3 个百分点,全部提前达到《规划》要求。建立妇女活动场所的县(市、区)比例为 63.3%,比 2011 年提高 28.9 个百分点,是《规划》目标值的 1.11 倍。

3. 文化环境丰富多彩

2012 年,全省拥有文化馆(站)1447 个,博物馆 103 个,拥有公共图书馆 97 个,总藏量为 5344 万册,比 2010 年增加 1583 万册,增长 42.1%。公共图书馆少儿文献 436.19 万册,比上年增加 28.36 万册,增长 7.0%。未成年人参观博物馆、科技馆人数分别为 814.75 万人次和 32 万人次,比 2010 年增加 286.4 万人次和 2 万人次,增长 54.3% 和 6.7%。全年播出少儿广播、电视和动画等儿童节目时间分别为 9088 小时 30 分、33629 小时 65 分和 19634 小时 8 分。出版发行各类少儿图书 2287 种,总印数 4577.59 万册;出版发行各种少儿期刊 6 种,总印数 1725.14 万册;儿童音像制品 316.22 万盘,为少儿成长提供丰富的精神食粮。

三、存在的问题和困难

《规划》实施以来,在各级各部门高度重视和共同努力下取得了一定的成效,但因《规划》的各项工作还在不断实施完善中,所以,在实施过程中存在着一些亟待解决的问题,需要引起高度重视。

(一)指标缺口较多,数据衔接难度较大

《规划》中的多项指标不能与部门统计年报资料相匹配,数据来源难以保证。表现在,一是有些指标不能量化、辅助性指标操作难度较大,导致数据存在缺口,如"家长学校比例"等指标;二是对部分统计指标重新作了调整或修改,与原有指标的统计口径不一

样,统计数据不能与历史数据相衔接,如"家暴妇女儿童救助(庇护)机构数""受救助(庇护)的妇女儿童人次数"等指标;三是《规划》中有部分指标只有总数,无法取得分性别数据。比如"已就业残疾妇女占全部残疾妇女的比例""城镇女职工医疗保险参保率""农村妇女新型合作医疗参合率"。

(二)正职女干部和基层女干部比例偏低

我省在各级党委政府的高度重视下,党政部门女性的配备率不断提高,但正职女干部和基层女干部偏少,配备率偏低。2012年,省、市及县(市、区)政府工作部门领导班子正职中女干部比例、市政府领导班子配有正职女干部比例均在10%以下,最低的只有4.7%。居民委员会成员中女性占比为50.0%,比上年降低1.1个百分点。村委会成员女性占比为22.6%,其中,村委会主任女性占比为7.4%。就现状来看,城镇基层组织女性参政的程度远远高于农村基层组织,农村基层组织女性参政程度虽然呈上升趋势,但与《规划》目标值仍有一定差距。

(三)儿童伤害死亡率呈持续上升趋势,成长环境仍要净化

儿童意外伤害已超过了疾病所造成的死亡率,成为儿童死亡的首要死因。近年来,我省婴儿死亡率和5岁以下儿童死亡率虽在逐年下降,但在卫生部门开展的儿童伤害死亡发生的监测和调查发现,18岁以下儿童伤害死亡率却呈持续上升趋势,由2010年的9.01/10万上升到12.19/10万,与《规划》目标值"以2010年为基期下降1/6"呈背离走势,影响了青少年儿童的健康成长,应引起社会和有关部门的注意。

四、对策与建议

为巩固提高《规划》实施以来的成果,确保统计监测评估工作顺利完成,促进各项目标的顺利实现,提出以下建议:

（一）强化性别统计，确保数据质量

妇女儿童发展涉及领域广、社会关注度高，规划目标的实现要用数据说话，当务之急就是要采取有效措施，解决指标缺口问题。提出设立分性别指标的具体要求，纳入我省相关部门常规统计报表制度中。另外，要加强数据质量监控，把好源头数据质量关。加强难点指标的重点调查，确保反映真实情况。对波动变化较大的指标应查明原因，以更加真实、完整、及时地对规划的实施进程进行统计监测。

（二）高度重视，进一步加大女干部培养选拔力度

各级党政部门要高度重视妇女参政议政工作，把培养和配备女干部纳入领导班子和人才队伍建设总体规划。在领导班子换届和调整干部时，应充分考虑妇女干部的职数，调动妇女参与基层民主管理的积极性、主动性。加强对女干部的培训和实践锻炼，全面提高妇女干部的综合素质、竞争意识和竞争能力，不断提升基层女性参与基层民主管理的总体水平。

（三）加强保护弱势群体，关注儿童成长环境

要广泛宣传《妇女权益保障法》，不断增强民众的法制观念，自觉抵制一切危害妇女权益的行为。帮助广大妇女认真学法，掌握法制赋予的基本权利，学会运用法律武器保护自身的正当权益，积极预防和制止针对妇女的家庭暴力，全面开展家庭美德教育，宣传倡导进步文明的婚姻家庭观，不断扩大温馨、和谐家庭覆盖面，不断增强家庭责任感。要高度关注儿童身心健康，预防和控制儿童因伤害所致的死亡，制定相应的干预措施，营造尊重儿童、爱护儿童的社会氛围，提高儿童心理防御机制，防止意外发生，保证儿童健康成长。

社科处　郑燕红

第九章　开发区(园区)提质增效加快推进
——2013 年全省开发区(园区)经济运行监测报告

　　2013 年,全省开发区(园区)坚持科技创新驱动发展、资源节约环境保护和结构调整优化联动,加快提质、增效和升级,开发区(园区)经济保持健康发展。

一、全年开发区(园区)经济运行特点

(一)综合实力增强,对全省经济贡献度进一步提高

　　全年开发区(园区)实现工业总产值 43200 亿元,占全省规模以上工业的 68.0%,比上年同期提高 4.8 个百分点;工业企业实现税收 1412.8 亿元,占全省财政总收入和公共财政预算收入的 20.5% 和 37.2%,比上年同期分别提高 0.9 和 0.6 个百分点;实际到位外资 92.8 亿美元,占全省的 65.5%,比上年同期提高 9.7 个百分点;进出口总额 1669.8 亿美元,出口额和进口额分别为 1149.6 亿美元和 520.2 亿美元,三者分别占全省的 49.7%、46.2% 和 59.8%,分别比上年同期提高 3.9、3.7 和 4.5 个百分点(详见表 1)。

表1 2013 年开发区(园区)主要经济指标对经济的贡献份额

经济指标	比重(%)	与上年比(百分点)
工业产出		
工业总产值占全省规上工业	68.0	+4.8
工业利润占全省规上工业	65.0	+3.3
工业企业税收		
占全省财政总收入	20.5	+0.9
占公共财政预算收入	37.2	+0.6
引进外资		
实际到位外资占全省比重	65.5	+9.7
进出口总额占全省比重	49.7	+3.9
♯出口额	46.2	+3.7
♯进口额	59.8	+4.5

(二)内外资量质并举,有效投资快速增长

全年开发区(园区)完成基础设施投资 1321.8 亿元,增长 22.6%,舟山、杭州、台州和嘉兴投入增幅较高,分别为 167.5%、81.1%、48.5% 和 30.8%。工业、服务业投资继续加快,入园企业投资 5525.3 亿元,增长 21.0%,其中,工业投资 3962 亿元,增长 20.3%,台州、杭州和宁波投资增速位居前三,分别为 64.4%、54.1% 和 52.9%。

浙商投资积极性较高。全年引进浙商回归项目共 937 个,增长 3.1%,内外资项目各为 664 个和 273 个,项目总投资 1568.7 亿元。其中,宁波引进浙商回归项目最多,达 275 个,嘉兴和湖州均在 100 个以上,分别为 172 个和 111 个,杭州、温州、金华和丽水均在 50 个以上(见表2)。

表 2　2013 年浙商回归项目个数和总投资

	个数	其中:内资	总投资(亿元)
全省	937	664	1568.7
杭州	64	45	196.9
宁波	275	177	297.8
温州	51	46	192.4
嘉兴	172	88	255.1
湖州	111	74	175.6
绍兴	48	37	136.9
金华	82	78	111.8
衢州	19	18	105.1
舟山	6	2	21.8
台州	49	48	10.7
丽水	60	51	64.6

省外资金投资力度加大。全年引进内资项目 17617 个,实际到位内资 2406.8 亿元,增长 29.7%。项目主要集中在工业,资金达 1626.8 亿元,增长 32.9%,占 67.6%;从内资的来源地看,省内资金达 1676 亿元,增长 22.7%,占 69.6%。

实际到位外资创历史新高。全年引进外资企业 696 个,增长 5.8%,实际到位外资 92.8 亿元,增长 26.8%。外商增资"热情"较高,全年增资企业 372 家,其中,二次增资企业 92 家,增资额合计 31.7 亿美元,增长 43.3%。分市看,主要集中在宁波、嘉兴、杭州和绍兴四市,增资额均在 2 亿美元以上,分别为 10.8 亿、8.5亿、8.4 亿和 2.1 亿美元,四市合计占到全省的 94.0%。

(三)工业生产增速高于全省,区域发展协调性增强

2013 年,全省开发区(园区)工业总产值增长 10.2%,高于全

省规模以上工业企业 3.0 个百分点。从各市产值规模看,宁波 8635.9 亿元全省最高,占全省 20.0%,杭州 7416.9 亿元全省第二,占 17.2%,绍兴、嘉兴分别为 6100.8 亿元、6097.8 亿元,均占全省 14.1%(见表 3)。从各市增速看,舟山、台州和丽水等园区开发较晚的地区继续发挥后发优势,发展较快,产值增速超过全省平均水平。杭州、宁波等地加快实施创新驱动,智能设备、电子商务等新兴产业发展良好,转型引领作用明显,区域协调性进一步增强。

表 3   全省开发区(园区)工业总产值情况

	工业总产值(亿元)	增速(%)	占全省开发区比重(%)
全省	43200.4	10.2	100
杭州	7416.9	6.9	17.2
宁波	8635.9	8.8	20.0
温州	2104.7	7.9	4.9
嘉兴	6097.8	12.3	14.1
湖州	4173.3	11.6	9.7
绍兴	6100.8	10.8	14.1
金华	3557.5	11.0	8.2
衢州	844.6	10.8	2.0
舟山	968.9	14.2	2.2
台州	1900.9	14.6	4.4
丽水	1399.1	14.6	3.2

(四)服务业出口增长加快,企业经济效益保持增长

全年开发区(园区)完成出口额 1149.6 亿美元,增长 20.4%增幅高出全省 9.6 个百分点。服务业出口增势强劲,出口额 187.2 亿美元,增长 26.2%,增幅比上年同期提高 34.5 个百分点。

全年开发区(园区)工业企业实现利税总额 3612.4 亿元,其中利润总额 2199.7 亿元,税收 1412.8 亿元,分别增长 15.2％、20.3％和 8.0％,利润高于全省规模以上工业企业 5.1 个百分点。服务业企业利润总额同比增长 29.1％,高于营业收入 2.1 个百分点。

二、开发区(园区)提质增效成效显著

(一)集聚一批大项目、大产业,打造一批百亿企业、千亿产业

着力引进大企业大项目。充分发挥大项目拉长产业链、促进产业升级等具有的带动效应,引进一批大项目支撑主导产业发展,一批世界级的龙头企业相继入园。全年新入园企业 18313 个,增长 20.2％,其中,工业企业 6786 家,增长 17.4％,服务业企业 11527 家,增长 22.0％,高出工业企业 4.6 个百分点。引进单项资金投入亿元以上的内资项目 668 个,比上年增加 111 个;世界 500强企业 32 个,注册资本在 1000 万美元以上的外资项目 305 个,比上年增加 39 个(见表 4)。大企业大项目的引进,带来了产业的大发展,主导产业集聚水平提高。2013 年,全省开发区(园区)第一主导产业集聚度平均为 42.5％,比上年同期提高 1.1 个百分点。

表4　2013 年全省开发区(园区)引进大项目企业情况

	单项资金亿元以上内资项目(个)	注册资本 1000 万美元以上外资项目(个)	世界 500 强企业(个)
全省	668	305	32
杭州	83	82	7
宁波	112	63	5
温州	37	2	0
嘉兴	86	85	8
湖州	82	47	1

	单项资金亿元 以上内资项目(个)	注册资本 1000 万 美元以上外资项目(个)	世界 500 强 企业(个)
绍兴	45	9	1
金华	68	10	1
衢州	56	0	2
舟山	8	0	0
台州	30	3	6
丽水	61	4	1

　　着力打造百亿企业。全年营业收入 5000 万元及以上的工业企业 9857 家,占投产工业企业的 11.0%。其中,亿元及以上的 5574 家,占投产工业企业的 6.2%,百亿元及以上的 28 家,10 亿—100 亿元的 552 家,1 亿—10 亿元的 4994 家。分市看,亿元以上企业主要集中在杭州、宁波、嘉兴和绍兴等地,分别为 952 家、886 家、791 家和 783 家,四市合计占 60.9%,湖州和金华拥有 500 家以上。

　　着力培育千亿产业。全年全省产值超过百亿元的开发区(园区)有 88 家,比上年同期增加 5 家,占到 80.0%。其中产值超千亿的有 9 家,比上年同期增加 3 家,最高的是宁波经济技术开发区,产值高达 2084 亿元,首次跨入两千亿水平;第二位是宁波石化经济技术开发区;杭州高新技术产业开发区由上年的第四位上升为第三位;第四位是杭州经济技术开发区,比上年下降一位;第五位是富阳经济技术开发区,首次跃上千亿水平;海宁经济开发区仍保持第六位,诸暨经济开发区和余杭经济技术开发区也是首次跃上千亿水平。

表 5　2013 年工业产值超千亿元开发区(园区)名称及产值

名　次	开发区(园区)名称	产值(亿元)
1	宁波经济技术开发区	2084
2	宁波石化经济技术开发区	1818

续表

名　次	开发区(园区)名称	产值(亿元)
3	杭州高新技术产业开发区	1558
4	杭州经济技术开发区	1528
5	富阳经济技术开发区	1232
6	海宁经济开发区	1169
7	诸暨经济开发区	1099
8	桐乡经济开发区	1050
9	余杭经济技术开发区	1008

(二)积极实施节能减排节水治污,园区环境进一步改善

全年开发区(园区)积极开展落后产能企业摸排,制定淘汰落后产能计划。2013 年,开发区(园区)共淘汰落后企业 721 家,企业年产值约 142.3 亿元。如袍江经济技术开发区共淘汰落后印染、织造类设备 176 台(套、条),关停并拆除落后印染产能 14735 万米,落后织造产能 3100 万米。同时,加强对重点行业和企业的能耗监测,开展节能行动。2013 年,开发区(园区)工业企业万元工业总产值能耗比上年同期下降 5.2%。

加大环境治理投入力度。一方面,加强企业环保检查,深入企业开展全区企业环保网格化管理,派专人对园区企业环保设施进行日常监管。另一方面,建立企业间横向耦合型、企业内部纵向闭合生态工业链模式,推进建设园区道路、企业雨水生态化排水系统,完善管网等基础设施建设。2013 年,全省开发区(园区)用于环境治理投入达 63.1 亿元。

节水用水意识增强。开发区(园区)从实际出发,因企施策,鼓励企业采用循环用水、一水多用、废水处理综合利用等措施,降低工业产品用水单耗,提高工业用水的重复利用率,提升工业节水能力和水平。全年万元工业总产值耗水量比上年同期下降 3.9%,

金华、丽水和台州下降幅度较大,分别为 14.1%、10.6%和 9.8%。工业用水重复利用率和中水回收率分别为 55.0%和 37.2%,比上年提高 1.8 个和 2.9 个百分点。

污水、固废治理"两手抓"。据不完全统计,全省开发区(园区)有六成以上雨污管道分开,半数以上开发区(园区)建立了污水处理厂或处理设备,6 家开发区(园区)规划或筹建污水处理厂,其余园区将污水统一纳入当地污水处理厂。全年工业固体废物综合利用率 74.8%,比上年提高 3.4 个百分点,工业污水处理率和生活污水处理率分别为 92.7%和 86.1%,与上年基本持平。

(三)"四换三名""三拆一改"成效显现,"亩产"水平不断提高

全省开发区(园区)全面实施开展"四换三名"工作,加快实施"名品名企名家"战略,入园企业更加注重品牌经营,保障老品牌的复审,加大了国内外著名商标的申请力度,取得了较好的成效。

在"腾笼换鸟"方面,腾出能耗空间和土地空间,扶持发展成长性好、引领作用强、附加值高的产业,利用"倒逼"机制,推动地方产业结构调整和产业升级。2013 年,全省开发区(园区)共撤销、搬迁或注销企业 5730 家,增长 45.7%,其中工业企业 2061 家,增长 31.1%。"腾笼换鸟"主要集中在淘汰蓄电池、印染、造纸、合成革、化纤等高能耗传统产业。

在"机器换人"方面,鼓励企业引进智能化、自动化等机器设备,劳动生产率大幅提高。全年投产的工业企业增长 11.3%,而企业从业人员仅增长 1.7%,劳动生产率(人均工业总产值,现价)达 76.9 万元/人,增长 8.6%,全年工业企业新产品销售收入达到 10372.2 亿元,增长 21.0%,占营业收入的 24.3%,比上年提高 1.2 个百分点。如宁波经济技术开发区成立智能装备技术联盟,2013 年实施"机器换人"改造项目 42 个,项目人均产出提升 30%以上。如袍江经济技术开发区,全年落实 3000 万元技改专项资金用于"机器换人"计划,带动企业技术改造,2013 年完成工业技改

投入 69.9 亿元。

在"空间换地"方面,加大"三改一拆"工作力度,通过优化用地布局、加大闲置土地处置力度、鼓励存量建设用地挖潜、推动空间综合开发等,不断提高土地集约利用率。如余姚经济开发区,2013年盘活存量建设用地 25 宗共计 1845 亩;丽水经济开发区通过生产用房加层和缩减绿化面积新增空间 26598 平方米,新增空间引入项目 158 个,产值近 3 亿元。

在"电商换市"方面,一方面,园区鼓励入园企业把电子商务平台建设作为突破口,让传统制造业找到了新市场,让传统市场找到了新型业态,园区内电子商务企业数量快速增长,电子商务企业营业收入总额不断上升。如龙泉工业园区,下半年开业的电子商务创业集聚大楼,入驻网商 46 家,年销售额超过 8000 万元。新昌高新园区拥有中国茶市、新昌轴承网等 B2C 服务平台,中国茶市年交易额超 5000 万元,注册店铺近 300 家,拥有会员 11386 人;中国轴承网注册企业 31893 家,拥有会员 5 万余家,遍布世界 28 个国家地区和全国 30 多个省市。

"亩产"水平不断提高。淘汰落后,为引进选择高优新项目腾出更多土地、资源、环境空间,进一步提高土地利用效率。2013年,全省开发区(园区)亩均工业企业营业收入 321 万元,增长7.7%,其中最高的是杭州,达 560.5 万元/亩,湖州、宁波、绍兴和丽水均在 300 万元/亩以上,温州、嘉兴、金华和台州在 200 万元/亩以上(详见表 6)。

表6　分市开发区(园区)经济密度

地　区	经济密度(万元/亩)
全省平均	321.0
杭州	560.5
宁波	326.2
温州	229.4

地　区	经济密度（万元/亩）
嘉兴	248.8
湖州	398.6
绍兴	310.3
金华	288.0
衢州	139.1
舟山	162.7
台州	206.9
丽水	340.6

（四）创新驱动作用增强，研发费用投入力度大

2013 年，全省新增直接从事研究开发人员 8785 万人，新增专业技术人员 2.3 万人，分别占新增从业人员的 9.5％和 24.7％，为科技创新提供了人才保证和智力支持。新引进或成立企业研发中心 364 家，其中国家级和省级的分别有 14 家和 204 家，目前全省开发区（园区）共聚集了 3319 家企业研发中心，其中，国家级和省级分别有 81 家和 1625 家。全年工业企业技术成果引进费用 123.3 亿元，增长 28.6％，研究开发费用投入 537.7 亿元，增长 12.8％，比主营业务收入增幅高出 2.7 个百分点。加快各类创新平台建设，全年园区技术开发研究中心投入 3.3 亿元，新增创业投资服务中心（孵化器）建筑面积 36.6 万平方米，新增孵化项目达 554 个。如杭州经济技术开发区整合政府、企业、高校等创新资源，建成投用各类创新平台 53.7 万平方米，设立 3 亿元人才专项资金和 6 亿元科技创新专项资金，出台一系列创新发展的激励政策。

三、开发区(园区)发展存在的问题

(一)经济规模仍然偏小,缺乏"航空母舰"

2013 年,浙江开发区(园区)平均工业总产值 392.7 亿元,产值不足 100 亿元的占两成,不到 500 亿元的占四分之三,最高的是 2084 亿元,且是唯一首次跨入 2000 亿元行列的开发区。而同期武汉开发区工业总产值 4160 亿元,广州开发区工业总产值 5116 亿元,天津开发区工业总产值 8050 亿元,与这些开发区(园区)相比,浙江开发区(园区)经济规模显得偏小。

(二)部分开发区(园区)生产性服务业发展滞后

近年来,浙江开发区(园区)服务业发展取得了不俗的成绩,但无论是从服务业引进个数还是从资金流向方面来看,主要集中在杭州、宁波、湖州、嘉兴和绍兴等地,而衢州、舟山和丽水等地的开发区(园区)服务业发展较为滞后,服务业项目比较缺乏,尤其是研发设计、现代物流和检验检测等科技服务等生产性服务业。2013年,全省开发区(园区)新引进服务业中,衢州、舟山、台州和丽水 4市合计占 6.1%。

(三)拆迁难度大、安置补偿标准高,影响开发建设进程

由于安置补偿要求不断提高,建设用地拆迁安置推进较慢,征地难、拆迁难问题仍比较突出。2013 年,全省开发区(园区)安置补偿增幅远高于拆迁面积,全年共完成拆迁面积 1654 万平方米,同比增长 1.1%,拆迁安置补偿款支出达到 264.2 亿元,同比增长 32.3%。

四、加快开发区(园区)发展提升的几点建议

(一)加快开发区产业提升发展

开发区(园区)要抓住当前全省实施创新驱动发展战略的契机,加快传统产业的改造提升,培育发展新兴产业。新创建的新能源汽车、高端装备、环保装备、新材料等高新技术产业园区要结合当地产业发展特点,瞄准新兴产业发展的最新方向,积极招商引资,吸引一批有实力、有技术、有创新能力的骨干企业落户园区,争取在工业整体设计、电子与软件、自动化控制、替代进口的关键部件等领域的突破。

(二)推进开发区(园区)功能平台建设

按照浙江《关于进一步推进浙江省开发区(园区)科技创新与检验检测平台建设的指导意见》《关于进一步推进浙江省开发区(园区)信息化建设的指导意见》等要求,各地要结合当地实际,认真做好组织实施,进一步完善研发、物流、检测、信息等生产性公共服务平台功能,加快全省开发区(园区)转型升级、提高综合发展水平,发挥科创、信息等服务平台在提高开发区(园区)自主创新能力、构筑区域创新体系、提升企业信息化水平、改善产业发展质量、促进经济发展方式转变上的重要作用。到 2015 年,全省 60% 以上开发区(园区)将基本完成信息化建设;2018 年,国家级开发区(园区)将全面完成科技创新与检验检测平台建设,80% 以上省级开发区(园区)完成科技创新与检验检测平台建设。

(三)扎实抓好发展规划编制

积极推动开发区(园区)完善发展规划的编制,各类开发区(园区)要结合当前经济社会的发展特点,针对转型时期出现的产城融合、体制机制、社会管理等突出问题,认真编制、完善、实施好发展

规划,突出产业特色优势,进一步优化空间布局,明确产业发展方向,强化要素集聚能力建设,提高集聚集约水平。各新设立的高新园区要按照"布局合理、用地集聚、产业聚集"的总体要求,统筹抓好发展规划编制工作,要以创建"国家级高新区"为目标,坚持用高定位、高标准、新理念来系统规划高新区,经过若干年努力,形成在国内外有重要影响力和竞争力的高新技术产业。

国家统计局浙江调查总队　何　　荆　丁建红
浙江省发展改革委员会　钱晓红　方　　炜
执　　　　　　　　笔　丁建红　方　　炜

第十章   杭州统筹城乡发展的
评价及对策建议

加速城乡融合发展是实现"两个率先"的重要任务,也是加快转变经济发展方式的客观要求。2012 年,面对复杂严峻的发展环境,杭州变压力为动力,以"五位一体"战略统领经济社会发展,以"三城三区"建设引领创新实践,以"四化同步"蕴势城乡融合,在挑战中求变、发展中提质、深化中深入,现代城乡发展体系初步形成。

一、统筹城乡发展目标评价

(一)杭州市城乡一体化发展目标测评

根据浙江省发改委、浙江省统计局"十二五"新确定的《浙江省统筹城乡发展水平综合评价指标体系及方法》,2012 年杭州市统筹城乡发展水平综合评价得分为 89.86 分,比 2011 年同口径测算的评价值 88.3 分提高 1.56 分。按新体系测算和新阶段划分,杭州市统筹城乡发展水平已经接近全面融合阶段(90 分以上)。其中,"经济发展""公共服务""人民生活""生态环境"四大领域统筹水平的目标实现程度分别为 97.8%、87.2%、82.7% 和 91.6%,与 2011 年相比,"人民生活"领域的实现程度提升最大,为 5.3 个百分点;其次为"经济发展"领域提升 3.6 个百分点,"生态环境"领域提升 2.4 个百分点。从该评价体系中涉及的 4 个方面 33 项指标来看,16 个指标实现程度在 90% 以上,其中 9 个指标实现程度达到 100%。

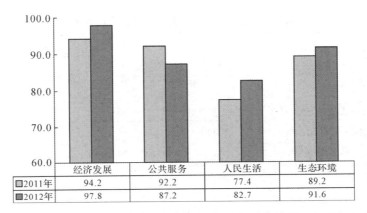

图 1　**2011 年和 2012 年杭州市统筹城乡各领域实现程度（%）**

1. 统筹城乡经济发展领域

2012 年,杭州市紧紧围绕"打造东方品质之城、建设幸福和谐杭州"的奋斗目标,以科学发展为主题,加快转型升级步伐,提升经济发展质量,为经济社会发展奠定坚实基础。杭州市实现地区生产总值（GDP）7803.98 亿元,增长 9.0%。三次产业结构由上年的3.3∶47.4∶49.3 调整为 2012 年的 3.3∶46.5∶50.2,三产占比首次超过 50%。随着镇村建设扎实推进,区县协作深入开展,五县（市）综合实力进一步增强。全年共实施区县协作项目 293 个,落实协作资金 3.25 亿元。实施产业西进项目 139 个,总投资达455.4 亿元。五县（市）GDP 增幅高于杭州市平均水平 0.1 个百分点。

至 2012 年,杭州市"经济发展"领域城乡统筹目标实现程度达到 97.8%,比上年提高 3.6 个百分点,实现程度居四大领域首位。构成该领域的 8 项指标中,4 项指标的实现程度达到全面融合,其中"人均地方财政收入""城市化率"实现程度为 100%,"二、三产从业人员比重""人均 GDP"实现程度分别为 99.0% 和 93.7%。2项指标实现程度较低,分别是"一产增加值增长率""一产比较劳动生产率",实现程度为 55.6% 和 54.2%。

表 1　统筹城乡经济发展领域目标实现程度

指标名称	目标值	2011 年		2012 年	
		实际值	实现程度（%）	实际值	实现程度（%）
二、三产从业人员比重（%）	90	88.7	98.5	89.1	99.0
人均 GDP（元/人）	95000	80395	84.6	88985	93.7
人均地方财政收入（元）	9500	9002	94.8	9806	100.0
城市化率（%）	72	73.9	100.0	74.3	100.0
一产比较劳动生产率（%）	50	26.3	52.7	27.1	54.2
一产增加值增长率（%）	4.5	2.5	55.6	2.5	55.6
农业产业化组织带动农户比重（%）	75	50.6	67.5	53.4	71.1
适度规模经营水平（%）	50	41.2	82.5	44.2	88.3
小　　计	—		94.2	—	97.8

2. 统筹城乡公共服务发展领域

2012 年,杭州市以创新社会管理为载体,以完善基本公共服务体系为重点,不断优化社保体系,切实推进城乡基本公共服务均等化。截至年末,杭州市参加社会基本养老保险达 605.60 万人,比上年末增加 65.13 万人;参加社会基本医疗保险 804.80 万人,增加 25.78 万人;参加职工失业、工伤、生育保险分别达 299.78 万人、382.21 万人、277.11 万人,分别比上年末净增 22.25 万人、26.93 万人、22.73 万人。教育发展水平进一步提高。学前和高中教育优质覆盖率分别达 72.6% 和 82.7%;初中毕业生升入各类高中的比例达 99.6%。健康保障进一步健全。常住人口居民电子健康档案建档率达 85% 以上,农村 60 岁以上参合农民健康体检率达 77%。养老服务基础进一步夯实。累计建成居家养老服务站 2167 家,建设农村公益金居家养老服务照料中心 174 家。

至 2012 年,杭州市"公共服务"领域城乡统筹目标实现程度达到 87.2%,实现程度居四大领域第三位。构成该领域的 8 项指标中,3 项指标的实现程度达到全面融合,其中"城乡生均教育事业费比""千人医务人员数"2 项指标实现程度为 100%;"医疗保险参保率"实现程度为 99.7%。但"财政支出中'三农'支出的增幅"由上年的 24.5%回落为 10.9%,实现程度仅为 43.6%。

表 2　统筹城乡公共服务领域目标实现程度

指标名称	目标值	2011 年		2012 年	
		实际值	实现程度(%)	实际值	实现程度(%)
财政支出中"三农"支出的比重(%)	40	24.1	60.3	25.4	63.5
财政支出中"三农"支出的增幅(%)	25	24.5	98.0	10.9	43.6
城乡生均教育事业费比(倍)	1	119.0	100.0	119.0	100.0
千人医务人员数(人)	6	5.85	97.5	6.3	100.0
医疗保险参保率(%)	98	95.1	97.0	97.7	99.7
乡镇集中审批和便民服务覆盖面(%)	90	67.2	74.6	70.1	77.9
小　计	—		92.2	—	87.2

3. 统筹城乡人民生活发展领域

2012 年,杭州市深入实施民生优先战略,确保公共财政新增财力三分之二以上用于民生,进一步提升城乡居民的生活品质。全年市区城镇居民人均可支配收入 37511 元,农村居民人均纯收入 17017 元,比上年分别增长 10.1%和 11.6%。保障性住房供给能力增强。杭州市开工建设保障房 43095 套,竣工 35144 套,全面完成省下达目标任务,新增廉租住房保障家庭 1169 户,市区公开销售经济适用房 6830 套,建筑面积 43.1 万平方米;推出公共租赁住房房源 2161 套。

至 2012 年,杭州市"人民生活"领域城乡统筹目标实现程度达到 82.7%,比上年提高 5.3 个百分点。构成该领域的 10 项指标中,5 项指标的实现程度达到全面融合,其中"城乡客运一体化率""农村居民安全饮用水覆盖率"实现程度为 100%。"低收入农户家庭人均纯收入""农村公路网密度"和"农村居民每百户(固定)互联网使用量"实现程度分别为 85.8%、79.1% 和 74.3%。

表 3 　统筹城乡人民生活领域目标实现程度

指标名称	目标值	2011 年		2012 年	
		实际值	实现程度(%)	实际值	实现程度(%)
城乡居民人均收入差距倍数(倍)	2	2.13	94.0	2.10	95.3
城乡居民收入增速与 GDP 增速比值(倍)	1.1	0.71	65.0	0.87	79.5
低收入农户家庭人均纯收入(元)	7000	4821	68.9	6008	85.8
农村公路网密度(公里/百平方公里)	108	83.70	77.5	85.4	79.1
城乡客运一体化率(%)	80	87.0	100.0	88.1	100.0
农村居民安全饮用水覆盖率(%)	99	98.1	99.1	99.0	100.0
农村居民每百户(固定)互联网使用量(户/百户)	70	47.0	67.1	52.0	74.3
农村数字电视入户率(%)	90	73.1	81.3	81.3	90.3
城乡居民人均消费支出比率(倍)	0.65	0.57	87.2	0.60	93.0
小　　计		—	77.4	—	82.7

4.统筹城乡生态环境发展领域

2012 年,杭州市深化环境立市,推动城市绿色、低碳、生态发展,推进美丽杭州建设。建设省级工业循环经济示范园区 3 个、示范企业 40 家。"三江两岸"生态保护与环境整治深入推进,建设两岸绿道 86.8 公里。城区新增绿地 441 万平方米,绿化覆盖率达 40%。主城区 85% 小区开展垃圾分类。

至 2012 年,杭州市"生态环境"领域城乡统筹目标实现程度达到 91.6%,比上年提高 2.4 个百分点,实现程度居四大领域第二位。构成该领域的 7 项指标中,5 项指标的实现程度达到全面融合,其中"农村垃圾收集处理率""农村卫生厕所普及率"和"村庄整治率"3 项指标的实现程度为 100%。"建制镇污水处理率""行政村生活污水处理设施覆盖率"实现程度分别为 88.4% 和 81.6%。

表 4　统筹城乡生态环境领域目标实现程度

指标名称	目标值	2011 年		2012 年	
		实际值	实现程度(%)	实际值	实现程度(%)
环境质量综合评分(分)	6	5.5	91.7	5.70	95.0
农村垃圾收集处理率(%)	100	96.0	96.0	100.0	100.0
行政村生活污水处理设施覆盖率(%)	95	64.2	67.6	77.5	81.6
建制镇污水处理率(%)	80	73.7	92.2	70.7	88.4
规模化养殖场畜禽排泄物资源化利用率(%)	98	96.0	98.0	97.0	99.0
农村卫生厕所普及率(%)	98	99.7	100.0	99.7	100.0
村庄整治率(%)	100	100.0	100.0	100.0	100.0
小　　计		—	89.2	—	91.6

（二）县域城乡一体化发展目标测评

2012年,在萧山、余杭区和五县(市)[以下简称二区、五县(市)]统筹城乡发展进程中,萧山、余杭步入全面融合阶段,富阳、桐庐、临安和建德进入整体协调阶段(75分以上),淳安处于基本统筹阶段(60分以上)。从各区、县(市)统筹城乡发展目标实现程度看,综合评价得分最高的是余杭,为93.66分,高出杭州市平均水平3.8分,以下依次是萧山、富阳、桐庐、临安、建德和淳安;提升最快的是桐庐,综合评价得分为85.47分,比上年提高2.58分。

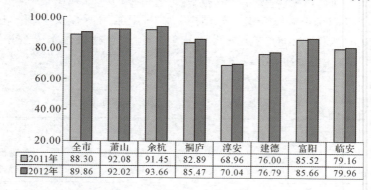

	全市	萧山	余杭	桐庐	淳安	建德	富阳	临安
2011年	88.30	92.08	91.45	82.89	68.96	76.00	85.52	79.16
2012年	89.86	92.02	93.66	85.47	70.04	76.79	85.66	79.96

图2   杭州市及二区、五县(市)城乡一体化综合得分对比

表5   二区五县(市)城乡一体化综合评价位次排序

	综合评价		统筹城乡经济发展		统筹城乡公共服务		统筹城乡人民生活		统筹城乡生态环境	
	2011年	2012年	2011年	2012年	2011年	2012年	2011年	2012年	2011年	2012年
萧山	1	2	1	2	2	4	2	2	3	2
余杭	2	1	2	1	5	1	1	1	2	3
桐庐	4	4	4	4	3	3	4	4	1	1
淳安	7	7	7	7	4	6	7	7	7	4
建德	6	6	6	6	2	5	6	6	6	6

	综合评价		统筹城乡经济发展		统筹城乡公共服务		统筹城乡人民生活		统筹城乡生态环境	
	2011年	2012年	2011年	2012年	2011年	2012年	2011年	2012年	2011年	2012年
富阳	3	3	3	3	1	2	3	3	5	7
临安	5	5	5	5	7	7	5	5	4	5

1. 萧山区

2012年,萧山区城乡一体化综合评价得分为92.02分,高于杭州市平均水平2.16分,位居二区五县(市)第二位。四大领域中,"统筹城乡人民生活"继续位居第二位,"统筹城乡生态环境"由上年的第三前移至第二,"统筹城乡经济发展""统筹城乡公共服务"由上年的第一、第二退后至第二、第四。在33项指标中,有19项指标的实现程度已超过90%,进入全面融合阶段,占57.6%。其中"人均GDP""适度规模经营水平""财政支出中'三农'支出的比重""城乡居民人均收入差距倍数""低收入农户家庭人均纯收入""农村公路网密度""城乡客运一体化率""农村居民安全饮用水覆盖率""城乡居民人均消费支出比率""农村垃圾收集处理率""农村卫生厕所普及率""村庄整治率"等12项指标的实现程度为100%,达到和超过了城乡一体化目标要求;有5项指标即"环境质量综合评分""人均地方财政收入""农业产业化组织带动农户比重""行政村生活污水处理设施覆盖率""乡镇集中审批和便民服务覆盖面"处于整体协调阶段;"农村居民每百户(固定)互联网使用量""千人医务人员数""一产比较劳动生产率"等4项处于基本统筹阶段;"一产增加值增长率"实现程度相对较低,仍处初步统筹阶段(60分以下)。

2. 余杭区

2012年,余杭区城乡一体化综合评价得分为93.66分,高于杭州市平均水平3.8分,位居二区、五县(市)第一位。四大领域中,"统筹城乡人民生活"继续位居第一,"统筹城乡经济发展"和"统筹城乡公共服务"由上年的第二、第五前移至第一,"统筹城乡生态环境"由上年的第二退后至第三。在 33 项指标中,有 23 项指标的实现程度已超过 90%,进入全面融合阶段,占 69.7%。其中"适度规模经营水平""财政支出中'三农'支出的比重""城乡生均教育事业费比""乡镇集中审批和便民服务覆盖面""城乡居民人均收入差距倍数""城乡居民收入增速与 GDP 增速比值""低收入农户家庭人均纯收入""农村公路网密度""城乡客运一体化率""农村居民安全饮用水覆盖率""农村居民每百户(固定)互联网使用量""农村数字电视入户率""城乡居民人均消费支出比率""农村垃圾收集处理率""规模化养殖场畜禽排泄物资源化利用率""农村卫生厕所普及率""村庄整治率"等 17 项指标的实现程度为 100%,达到和超过了城乡一体化目标要求;有 2 项指标即"环境质量综合评分""农业产业化组织带动农户比重"处于整体协调阶段;"人均GDP""行政村生活污水处理设施覆盖率""一产增加值增长率"处基本统筹阶段;"千人医务人员数"实现程度为 58.9%,处于初步统筹阶段。

3. 桐庐县

2012 年,桐庐县城乡一体化综合评价得分为 85.47 分,位至二区、五县(市)第四位。四大领域中,"统筹城乡生态环境""统筹城乡经济发展""统筹城乡人民生活"继续位居第一、第四和第四位,"统筹城乡公共服务"由上年的第六前移至第三。在 33 项指标中,有 15 项指标的实现程度已超过 90%,进入全面融合阶段,占 45.5%。其中"财政支出中'三农'支出的比重""财政支出中'三农'支出的增幅""城乡生均教育事业费比""乡镇集中审批和便民服务覆盖面""城乡居民人均收入差距倍数""城乡居民收入增速与 GDP 增速比值""城乡客运一体化率""农村居民安全饮用水覆盖率""农村垃圾收集处理率""行政村生活污水处理设施覆盖率""规模化养殖场畜禽排泄物资源化利用率""农村卫生厕所普及率""村庄整治率"等 13 项指标的实现程度为 100%,达到和超过了城乡一体化目标要求;有 5 项指标即"建制镇污水处理率""环境质量综合评分""二、三产业从业人员比重""低收入农户家庭人均纯收入""农村公路网密度"处于整体协调阶段;"千人医务人员数""农村数字电视入户率""人均 GDP""适度规模经营水平""一产增加值增长率""一产比较劳动生产率"等 6 项基本统筹阶段;"农业产业化组织带动农户比重""人均地方财政收入""农村居民每百户(固定)互联网使用量"仍处于初步统筹阶段,实现程度相对较低,分别为 55.9%、50.3%、45.7%。

4. 淳安县

2012 年,淳安县城乡一体化综合评价得分为 70.04 分,位居二区、五县(市)末位。四大领域中,"统筹城乡经济发展""统筹城乡人民生活"继续位居第七位,"统筹城乡生态环境"由上年的第七前移至第四,"统筹城乡公共服务"由上年的第四后退至第六。在 33 项指标中,有 13 项指标的实现程度已超过 90%,进入全面融合阶段,占 39.4%。其中"财政支出中'三农'支出的比重""城乡生均教育事业费比""城乡生均教育事业费比""医疗保险参保率""乡镇集中审批和便民服务覆盖面""城乡客运一体化率""环境质量综合评分""农村垃圾收集处理率""建制镇污水处理率""农村卫生厕所普及率""村庄整治率"等 11 项指标的实现程度为 100%,达到和超过了城乡一体化目标要求;有 4 项指标即"城乡居民收入增速与 GDP 增速比值""行政村生活污水处理设施覆盖率""城乡居民人均收入差距倍数""低收入农户家庭人均纯收入"处于整体协调阶段;"城乡居民人均消费支出比率""一产增加值增长率""农业产业化组织带动农户比重""财政支出中'三农'支出的增幅""千人医务人员数"等 5 项指标处于基本统筹阶段;"二、三产业从业人员比重""农村公路网密度""人均 GDP""适度规模经营水平"等 4 项指标处于初步统筹阶段。

5. 建德市

2012 年,建德市城乡一体化综合评价得分为 76.79 分,位居二区、五县(市)第六位。四大领域中,"统筹城乡经济发展""统筹城乡人民生活"和"统筹城乡生态环境"均继续位居第六位,"统筹城乡公共服务"由上年第二后退至第五。在 33 项指标中,有 14 项指标的实现程度已超过 90%,进入全面融合阶段,占 42.4%。其中"财政支出中'三农'支出的比重""城乡生均教育事业费比""医疗保险参保率""乡镇集中审批和便民服务覆盖面""城乡居民收入增速与 GDP 增速比值""城乡客运一体化率""农村垃圾收集处理率""规模化养殖场畜禽排泄物资源化利用率""农村卫生厕所普及率""村庄整治率"等 10 项指标的实现程度为 100%,达到和超过了城乡一体化目标要求;有 3 项指标即"行政村生活污水处理设施覆盖率""低收入农户家庭人均纯收入""千人医务人员数"处于整体协调阶段;"建制镇污水处理率""二、三产业从业人员比重""农村居民每百户(固定)互联网使用量""农村公路网密度""城乡居民人均消费支出比率""一产增加值增长率""农业产业化组织带动农户比重"等 7 项指标处于基本统筹阶段;"人均 GDP""适度规模经营水平"等 2 项指标处于初步统筹阶段。

6. 富阳市

2012 年,富阳市城乡一体化综合评价得分为 85.66 分,位居二区、五县(市)第三位。四大领域中,"统筹城乡经济发展"和"统筹城乡人民生活"均继续位居第三位,"统筹城乡公共服务"和"统筹城乡生态环境"由上年的第一、第五后退至第二、第七。在 33 项指标中,有 14 项指标的实现程度已超过 90%,进入全面融合阶段,占 42.4%。其中"财政支出中'三农'支出的比重""城乡生均教育事业费比""医疗保险参保率""城乡居民人均收入差距倍数""城乡居民收入增速与 GDP 增速比值""农村居民安全饮用水覆盖率""农村垃圾收集处理率""农村卫生厕所普及率"等 8 项指标的实现程度为 100%,达到和超过了城乡一体化目标要求;有 5 项指标即"农村公路网密度""二、三产业从业人员比重""村庄整治率""建制镇污水处理率""人均 GDP"处于整体协调阶段;"城乡客运一体化率""农业产业化组织带动农户比重""行政村生活污水处理设施覆盖率""适度规模经营水平""千人医务人员数""农村居民每百户(固定)互联网使用量"等6项指标处于基本统筹阶段;"人均地方财政收入""一产增加值增长率""一产比较劳动生产率"等3项指标处于初步统筹阶段。

7. 临安市

2012年,临安市城乡一体化综合评价得分为79.96分,位居二区、五县(市)第五位。四大领域中,"统筹城乡经济发展""统筹城乡人民生活"和"统筹城乡公共服务"继续位居第五、第五和第七位,"统筹城乡生态环境"由上年的第四后退至第五。在33项指标中,有15项指标的实现程度已超过90%,进入全面融合阶段,占45.5%。其中"财政支出中'三农'支出的比重""城乡生均教育事业费比""医疗保险参保率""城乡居民人均收入差距倍数""农村垃圾收集处理率""建制镇污水处理率""农村卫生厕所普及率""村庄整治率"等8项指标的实现程度为100%,达到和超过了城乡一体化目标要求;有6项指标即"二、三产业从业人员比重""低收入农户家庭人均纯收入""农村数字电视入户率""农村居民每百户(固定)互联网使用量""一产比较劳动生产率""行政村生活污水处理设施覆盖率"处于整体协调阶段;"农业产业化组织带动农户比重""农村公路网密度""人均GDP""一产增加值增长率"等4项指标处于基本统筹阶段;"千人医务人员数""适度规模经营水平"2项指标处于初步统筹阶段;"人均地方财政收入"和"财政支出中'三农'支出的增幅"实现程度相对较低,仅为43.7%和41.2%。

二、统筹城乡发展指数评价

(一)杭州市统筹城乡发展指数测评

2012年杭州市统筹城乡发展水平指数为103.2,比上年回落2.1个百分点。从该指标体系中涉及33项指标来看,24项指标数据比上年有所增长,其中 3 项指标数据保持 20％以上增幅,6 项保持两位数增长。从四大领域看,"统筹城乡经济发展"发展指数为105.0,拉动总指数提高 1.4 个百分点,对总指数提高的贡献率为43.8％;"统筹城乡人民生活"发展指数为 107.9,拉动总指数提高2.1 个百分点,对总指数提高的贡献率为 64.2％;"统筹城乡生态环境"发展指数为 104.5,拉动总指数提高 0.9 个百分点,对总指数提高的贡献率为 28.1％;受"财政支出中'三农'支出的增幅"回落较大的影响,"统筹城乡公共服务"发展指数为 95.4,下拉总指数 1.2 个百分点。

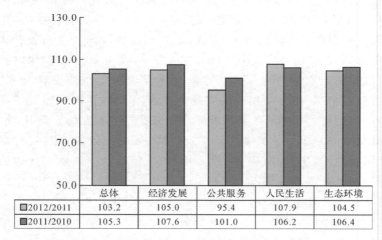

	总体	经济发展	公共服务	人民生活	生态环境
2012/2011	103.2	105.0	95.4	107.9	104.5
2011/2010	105.3	107.6	101.0	106.2	106.4

图 3 杭州市统筹城乡发展指数及其子系统发展指数(％)

(二)县域统筹城乡发展指数评价

从二区、五县(市)的测算结果看,余杭和桐庐 2012 年统筹城乡发展指数高于杭州市平均水平,分别为 106.2 和 103.6,以下依次为建德、淳安、临安、萧山和富阳。

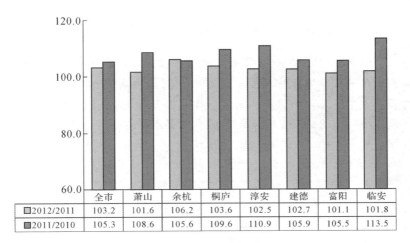

	全市	萧山	余杭	桐庐	淳安	建德	富阳	临安
■2012/2011	103.2	101.6	106.2	103.6	102.5	102.7	101.1	101.8
■2011/2010	105.3	108.6	105.6	109.6	110.9	105.9	105.5	113.5

图 4 杭州市及二区、五县(市)统筹城乡发展指数(%)

三、加快现代城乡体系建设中值得关注的问题

2012 年,杭州市统筹城乡发展扎实推进,一体化进程实现程度得以提升,四大领域均有所加强,但是从评价过程中发现的一些突出问题,须引起高度重视。

(一)统筹城乡发展进程趋缓

统筹城乡发展指数的回落说明加速城乡融合的步伐放缓,推进城乡一体化难度加大,其过程中的复杂性和反复性需引起高度重视。测评结果显示,2012 年杭州市统筹城乡发展指数为 103.2,比上年回落 2.1 个百分点,四大领域中,"统筹城乡经济发展""统筹城乡公共服务"和"统筹城乡生态环境"分别比上年回落 2.6、5.6 和 1.9 个百分点。城乡发展指数回落态势在两区、五县(市)中更趋明显。除余杭外,临安、淳安、萧山、桐庐、富阳和建德分别回落 11.7、8.4、7.0、6.0、4.4 和 3.2 个百分点。

(二)"东强西弱"的发展格局没有实质性改变

受地区间客观条件、发展路径等多方面差异的影响,两区五县(市)在城乡一体化的进程中呈现出不同的特征,统筹城乡发展水平差异程度尤为明显。从城乡一体化发展目标评价看,2012 年桐庐、淳安、建德、富阳、临安统筹城乡发展水平综合评价得分比余杭分别低 4.68、12.96、10.03、5.74 和 6.11 分;其中淳安、建德、富阳、临安的分差比上年拉大了 2.21、1.83、2.05 和 1.39 分。四大领域中,"统筹城乡经济发展"领域实现程度的差距更为明显。2012 年桐庐、淳安、建德、富阳、临安"统筹城乡经济发展"领域实现程度比余杭分别低 20.8、37.0、31.3、15.8 和 18.6 个百分点。

(三)公共服务领域仍是统筹城乡发展的短板

近年来,杭州市千方百计促进城市公共服务和优质资源向农村扩散和流动,取得了阶段性成果。但是,城乡在公共服务领域,尤其在基础教育资源、卫生资源配置等方面差距仍然较大。测评结果显示,2012 年杭州市"统筹城乡公共服务"领域实现程度为87.2%,比上年回落 5.0 个百分点,比四大领域中实现程度最高的"统筹城乡经济发展"低 10.6 个百分点。该领域中,"财政支出中'三农'支出的增幅"为 10.9%,比上年回落 13.6 个百分点,实现程度为 43.6%,同比大幅回落 54.4 个百分点。城乡医疗水平仍有差距。2012 年,杭州市"千人执业医生护士数"平均为 6.35 人,萧山、余杭、桐庐、淳安、建德、富阳、临安分别仅为 4.24 人、3.53人、4.38 人、3.64 人、4.83 人、4.05 人、3.51 人。年末,杭州市共有医院、卫生院床位数为 44778 个,二区、五县(市)合计仅为15494 个,占杭州市比重为 34.6%,相对于占到杭州市人口59.1%的比重来说,占比明显偏低。教育方面,尽管五县(市)城乡生均教育事业费比均明显高于主城区和杭州市平均水平,但是优质教育资源集中市区的现象较为明显。"十二五"期间,如何引导医疗、教育等公共服务资源的合理流动,有效促进公共卫生资源配置更趋合理化,将是今后杭州市加快现代城乡体系建设一个重要课题。

四、"四化同步"加快现代城乡体系建设的思考

当前,杭州市正处于经济转型的阵痛期,亦面临着国外产业转移、国内扩大内需、长三角区域一体化加速推进、省内海洋经济和山区经济加快建设等重大机遇期。因此,在"十二五"期间,要立足实际,以推进更高水平城乡一体化发展为载体,真正不断提升规划的资源配置效率,深挖新一轮发展潜力,不断促进城乡统筹升级提档。

(一)推动信息化与工业化融合发展,激发实体经济活力

一是抓产业规划,紧跟世界高新技术发展的前沿,把每个产业的所有产业链做足分析,做好信息化和工业化融合发展的政策储备,将新型工业化作为现代城乡体系建设和四化互动的核心力量。二是以招商引资为抓手,以平台建设为载体,引导产业向园区集中,各类优质资源向园区集聚,推动特色产业、特色园区的形成。三是强化龙头企业带动作用,注重关联度高企业的引进,提高产业集群的竞争力。四是突出财政、金融、税收等政策措施对科技成果转化的引导作用,使科技创新真正为社会生产服务,提高科技成果向现实生产力转化的能力。五是加大政府服务企业力度,支持创新型企业发展,改善中小企业发展环境,切实减轻企业负担。

(二)促进工业化与城镇化互动发展,提升宜产宜居品质

一是以强化城乡经济发展的空间依托,促进产业结构和空间结构调整的有机联动,同步推进工业化和城镇化发展,加快推进产城一体化建设。二是在做强的基础上走内涵式的发展道路,积极推动各地自身产业经济转型,通过深化区县协作,促进各产业链条在经济空间上的合理分配和集聚,形成区域产业优势互补。三是

坚持保护和开发有机统一,充分挖掘生态资源在休闲游憩、经济发展和社会文化等方面的价值,推动"美丽杭州"建设,加快建成生态型城市,提升宜产宜居水平。四是围绕新型城镇化建设,扩大有效投资,通过政府引导,逐步建立多元化投入机制,让更多社会资本参与城乡一体化建设。

（三）加快城镇化与农业化协调发展,延伸公共服务覆盖

一是大力发展现代农业,提高农业生产能力和标准化水平,推动农业与二产、三产融合发展。二是通过建设覆盖城乡的公共服务设施体系,加大对人民群众迫切需要的设施的投入力度,使设施建设从"生产导向"向"民生导向"转变。三是使"要素城镇化"和"人口城镇化"有机结合,切实解决农民进城后的就业、医疗、养老、教育等一系列社会问题,同时逐步改善农村居民对医疗、教育、文化需求的状况。四是积极打造有机、生态农业示范园,大力发展现代观光旅游农业,多渠道增加农民收益;加强农业劳动力、农村转移劳动力和后备劳动力培训,提高农村人力资源的市场适应能力和就业竞争力。